中国四千年の智恵
故事ことわざの語源202

野口定男

鉄筆文庫 007

鉄筆

目次

ア

1 青《あお》は藍《あい》より出《い》でて藍《あい》より青《あお》し（出藍《しゅつらん》の誉《ほま》れ）……14
2 秋《あき》の扇《おうぎ》……15
3 中《あた》らずと雖《いえど》も遠《とお》からず……16
4 危《あや》うきこと累卵《るいらん》のごとし（累卵《るいらん》の危機《きき》）……17
5 暗中模索《あんちゅうもさく》……19
6 石《いし》に漱《くちすす》ぎ流《なが》れに枕《まくら》す……20
7 衣食《いしょく》足《た》りて礼節《れいせつ》を知《し》る……20
8 以心伝心《いしんでんしん》……21
9 一言《いちげん》以《もっ》てこれを蔽《おお》う……22
10 一網打尽《いちもうだじん》……23
11 一葉《いちよう》落《お》ちて天下《てんか》の秋《あき》を知《し》る……24
12 一挙両得《いっきょりょうとく》……25
13 一将《いっしょう》功《こう》成《な》りて万骨《ばんこつ》枯《か》る……26
14 一擲乾坤《いってきけんこん》を賭《と》す（乾坤一擲《けんこんいってき》）……27
15 壱敗地《いっぱいち》に塗《まみ》れる……29
16 一夫《いっぷ》関《かん》に当《あた》れば万夫《ばんぷ》も開《ひら》く莫《な》し……30
17 井《い》の中《なか》の蛙《かわず》（大海《たいかい》を知《し》らず）……31
18 韋編三絶《いへんさんぜつ》……33
19 殷鑑《いんかん》遠《とお》からず……34
20 慇懃《いんぎん》（無礼《ぶれい》）……36
21 陰徳《いんとく》ある者《もの》は必《かなら》ず陽報《ようほう》あり……38
22 烏合《うごう》の衆《しゅう》……39
23 怨骨髄《うらみこつずい》に入《い》る（徹《てっ》す）……41
24 燕雀《えんじゃく》安《いずく》んぞ鴻鵠《こうこく》の志《こころざし》を知《し》らんや……43
25 老《お》いてまさに益々《ますます》壮《さか》んなるべし……44
26 屋上《おくじょう》に屋《おく》を架《か》す……45

カ

27 骸骨《がいこつ》を乞《こ》う……46
28 解語《かいご》の花《はな》……48

29 偕老同穴《かいろうどうけつ》 …… 49
30 臥薪嘗胆《がしんしょうたん》 …… 51
31 苛政《かせい》は虎《とら》よりも猛《たけ》し …… 52
32 河清《かせい》を俟《ま》つ …… 53
33 渇《かっ》しても盗泉《とうせん》の水《みず》を飲《の》まず …… 55
34 鼎《かなえ》の軽重《けいちょう》を問《と》う …… 56
35 画餅《がべい》 …… 58
36 画竜点睛《がりょうてんせい》 …… 59
37 雁書《がんしょ》 …… 60
38 邯鄲《かんたん》の夢《ゆめ》 …… 61
39 間《かん》、髪《はつ》を容《い》れず …… 63
40 完璧《かんぺき》 …… 64
41 管鮑《かんぽう》の交《まじわ》り …… 65
42 奇貨《きか》居《お》くべし …… 67
43 騎虎《きこ》の勢《いきおい》 …… 68
44 疑心暗鬼《ぎしんあんき》を生《しょう》ず …… 70
45 木《き》に縁《よ》りて魚《うお》を求《もと》む …… 71
46 驥尾《きび》に附《ふ》す …… 72
47 杞憂《きゆう》 …… 73
48 牛耳《ぎゅうじ》を執《と》る（牛耳《ぎゅうじ》る） …… 74
49 九仞《きゅうじん》の功《こう》を一簣《いっき》に虧《か》く …… 75
50 曲学阿世《きょくがくあせい》 …… 76
51 漁夫《ぎょふ》の利《り》 …… 78
52 槿花一日《きんかいちじつ》の栄《えい》 …… 79
53 愚公《ぐこう》、山《やま》を移《うつ》す …… 81
54 口《くち》に蜜《みつ》あり腹《はら》に剣《けん》あり …… 83
55 靴《くつ》を隔《へだ》てて痒《かゆ》きを掻《か》く（隔靴掻痒《かっかそうよう》） …… 84
56 敬遠《けいえん》 …… 84
57 鶏群《けいぐん》の一鶴《いっかく》（掃《は》き溜《だ》めの鶴《つる》） …… 85
58 荊妻《けいさい》 …… 86
59 螢雪《けいせつ》（の功《こう》） …… 87
60 逆鱗《げきりん》 …… 88

61 月下氷人《げっかひょうじん》 …… 89
62 月旦《げったん》 …… 92
63 巻土重来《けんどじゅうらい》（捲土重来《けんどちょうらい》） …… 93
64 肯綮《こうけい》に中《あた》る …… 94
65 巧言令色《こうげんれいしょく》（鮮《すく》なし仁《じん》） …… 96
66 後生畏《こうせいおそ》るべし …… 97
67 浩然《こうぜん》の気《き》 …… 98
68 狡兎死《こうとし》して良狗烹《りょうくに》らる …… 99
69 弘法《こうぼう》は筆《ふで》を択《えら》ばず（能書《のうしょ》は筆《ふで》を択《えら》ばず） …… 101
70 呉越同舟《ごえつどうしゅう》 …… 102
71 国士無双《こくしむそう》 …… 103
72 虎穴《こけつ》に入《い》らずんば虎子《こじ》を得《え》ず …… 104
73 心《こころ》、ここに在《あ》らざれば、視《み》れども見《み》えず、聴《き》けども聞《きこ》えず …… 106
74 五十歩百歩《ごじっぽひゃっぽ》 …… 107
75 孤城落日《こじょうらくじつ》 …… 108
76 鼓腹撃壌《こふくげきじょう》 …… 110
77 五里霧中《ごりむちゅう》 …… 111

サ

78 細君《さいくん》 …… 112
79 歳月《さいげつ》は人《ひと》を待《ま》たず …… 114
80 先《さき》んずれば人《ひと》を制《せい》す …… 116
81 酒《さけ》は百薬《ひゃくやく》の長《ちょう》 …… 117
82 左袒《さたん》 …… 118
83 去《さ》る者《もの》は日《ひ》に以《もっ》て疎《うと》し …… 120
84 三十六計逃《さんじゅうろっけいに》ぐるにしかず …… 121
85 山中《さんちゅう》の賊《ぞく》を破《やぶ》るは易《やす》く、心中《しんちゅう》の賊《ぞく》を破《やぶ》るは難《かた》し …… 122
86 歯牙《しが》に懸《か》くるに足《た》らず …… 124
87 死屍《しし》に鞭《むち》うつ …… 125
88 子孫《しそん》の為《ため》に産業《さんぎょう》を立《た》てず …… 127

89 死中《しちゅう》に活《かつ》を求《もと》む……128
90 自暴自棄《じぼうじき》……128
91 四面楚歌《しめんそか》……129
92 柔《じゅう》よく剛《ごう》を制《せい》す……131
93 守株《しゅしゅ》（株《かぶ》を守《まも》る）……132
94 首鼠両端《しゅそりょうたん》……133
95 春秋《しゅんじゅう》に富《と》む……134
96 小人間居《しょうじんかんきょ》して不善《ふぜん》をなす……135
97 小人《しょうじん》玉《たま》を懐《いだ》いて罪《つみ》あり……136
98 小心翼々《しょうしんよくよく》……137
99 少年《しょうねん》老《お》い易《やす》く学《がく》成《な》り難《がた》し……139
100 食指動《しょくしうご》く……140
101 助長《じょちょう》……141
102 唇歯輔車《しんしほしゃ》……142
103 人生意気《じんせいいき》に感《かん》ず……143
104 人生七十《じんせいしちじゅう》、古来稀《こらいまれ》なり（古稀《こき》）……144
105 人生《じんせい》は朝露《ちょうろ》のごとし……145
106 推敲《すいこう》……147
107 過《す》ぎたるはなお及《およ》ばざるがごとし……148
108 杜撰《ずさん》……149
109 掣肘《せいちゅう》……150
110 席暖《せきあたたか》なるに暇《いとま》あらず……151
111 赤心《せきしん》を推《お》して人《ひと》の腹中《ふくちゅう》に置《お》く……152
112 折角《せっかく》……154
113 折檻《せっかん》……155
114 切磋琢磨《せっさたくま》……157
115 折衝《せっしょう》……158
116 戦々兢々《せんせんきょうきょう》……159
117 創業《そうぎょう》は易《やす》く守成《しゅせい》は難《かた》し……161
118 糟糠《そうこう》の妻《つま》……162
119 宋襄《そうじょう》の仁《じん》……163
120 滄浪《そうろう》の歌《うた》……164

タ

121 大器晩成《たいきばんせい》……166
122 泰斗《たいと》……167
123 大道廃《だいどうすた》れて仁義《じんぎ》あり……168
124 他山《たざん》の石《いし》……170
125 蛇足《だそく》……171
126 多々益々弁《たたますますべん》ず……172
127 断腸《だんちょう》……174
128 朝三暮四《ちょうさんぼし》……175
129 轍鮒《てっぷ》の急《きゅう》……176
130 鉄面皮《てつめんぴ》……177
131 天衣無縫《てんいむほう》……178
132 天知《てんし》る 地知《ちし》る 子知《しし》る 我《わ》れ知《し》る（四知《しち》）……179
133 輾転反側《てんてんはんそく》……181
134 天道是《てんどうぜ》か非《ひ》か……183
135 銅臭《どうしゅう》（紛々《ふんぷん》）……185
136 道聴塗説《どうちょうとせつ》……186
137 桃李言《とうりい》わざれども、下自《したおのずか》ら蹊《こみち》を成《な》す……186
138 登竜門《とうりゅうもん》……188
139 読書百遍《どくしょひゃっぺん》、義《ぎ》おのずから見《あら》わる……189
140 斗酒《としゅ》なお辞《じ》せず……190
141 塗炭《とたん》の苦《くる》しみ……192
142 寡《とぼ》しきを患《うれ》えず、均《ひと》しからざるを患《うれ》う……192
143 虎《とら》の威《い》を借《か》る狐《きつね》……194
144 豚児《とんじ》……195

ナ

145 泣《な》いて馬謖《ばしょく》を斬《き》る……196
146 南風競《なんぷうきそ》わず……198
147 錦《にしき》を衣《き》て夜行《よるゆ》くが如《ごと》し……199
148 似《に》て非《ひ》なるもの……200

149 任重《にんおも》くして道遠《みちとお》し …… 202
150 人間万事塞翁《にんげんばんじさいおう》が馬《うま》 …… 202
151 嚢中《のうちゅう》の錐《きり》 …… 204

八

152 敗軍《はいぐん》の将《しょう》は兵《へい》を語《かた》らず …… 205
153 背水《はいすい》の陣《じん》 …… 207
154 杯中《はいちゅう》の蛇影《じゃえい》 …… 208
155 馬脚《ばきゃく》を露《あらわ》す …… 209
156 破鏡《はきょう》 …… 210
157 白眼《はくがん》（視《し》） …… 211
158 白眉《はくび》 …… 211
159 馬耳東風《ばじとうふう》 …… 212
160 破竹《はちく》の勢《いきおい》 …… 215
161 跋扈《ばっこ》 …… 216
162 破天荒《はてんこう》 …… 217
163 尾生《びせい》の信《しん》 …… 218
164 顰《ひそみ》に効《なら》う …… 219
165 匹夫《ひっぷ》も志《こころざし》を奪《うば》うべからず …… 220
166 髀肉《ひにく》の嘆《たん》 …… 220
167 弥縫《びほう》 …… 221
168 百尺竿頭《ひゃくせきかんとう》、一歩《いっぽ》を進《すす》む …… 222
169 百聞《ひゃくぶん》は一見《いっけん》に如《し》かず …… 223
170 豹変《ひょうへん》 …… 224
171 比翼連理《ひよくれんり》 …… 225
172 風声鶴唳《ふうせいかくれい》 …… 227
173 俯仰天地《ふぎょうてんち》に愧《は》じず …… 228
174 覆水盆《ふくすいぼん》に返《かえ》らず …… 229
175 不肖《ふしょう》 …… 230
176 駙馬《ふば》 …… 231
177 刎頸《ふんけい》の交《まじわ》り …… 233
178 傍若無人《ぼうじゃくぶじん》 …… 235

179 亡羊《ぼうよう》の嘆《たん》……236
180 木鐸《ぼくたく》……238
181 蒲柳《ほりゅう》……239

マ

182 枕《まくら》を高《たか》くして臥《ふ》す……240
183 先《ま》ず隗《かい》より始《はじ》めよ……241
184 復《ま》た呉下《ごか》の阿蒙《あもう》に非《あら》ず……243
185 豆《まめ》を煮《に》るに萁《まめがら》を燃《た》く……244
186 未亡人《みぼうじん》……246
187 矛盾《むじゅん》……247
188 寧《むし》ろ鶏口《けいこう》となるも、牛後《ぎゅうご》となるなかれ……248
189 明鏡止水《めいきょうしすい》……249
190 門前市《もんぜんいち》をなす……250

ヤ

191 病膏肓《やまいこうこう》に入《い》る……252
192 羊頭《ようとう》を懸《かか》げて狗肉《くにく》を売《う》る（羊頭狗肉《ようとうくにく》）……253

ラ

193 洛陽《らくよう》の紙価《しか》高《たか》し……255
194 梨園《りえん》……256
195 李下《りか》に冠《かんむり》を整《ただ》さず（瓜田《かでん》に履《くつ》を納《い》れず）……257
196 良賈《りょうこ》は深《ふか》く蔵《ぞう》して虚《むな》しきがごとし……258
197 梁山泊《りょうざんぱく》……259
198 梁上《りょうじょう》の君子《くんし》……260
199 良薬《りょうやく》は口《くち》に苦《にが》し……261
200 壟断《ろうだん》（龍断《ろうだん》）……263
201 隴《ろう》を得《え》てまた蜀《しょく》を望《のぞ》む……263

ワ

202　禍《わざわい》を転《てん》じて福《ふく》と為《な》す……264

あとがき……266

解説　渡辺憲司……268

中国四千年の智恵　故事ことわざの語源２０２

1　青《あお》は藍《あい》より出《い》でて藍《あい》より青《あお》し（出藍《しゅつらん》の誉《ほま》れ）

むかしは化学染料などはなかったので、たとえば白布を青色に染める場合には、藍《あい》という草をしぼり、その汁を用いた。その青色は、もとである藍《あい》よりもさらに青い。その点をとらえて、『荀子《じゅんし》』の「勧学篇《かんがく》」には、

「学は以《もっ》て已《や》むべからず。青はこれを藍《あい》より取りて、藍《あい》より青し。氷は水これを為《な》して、水より寒し」

――学問は永久につづけるべきで、たゆんではならない。青色は藍《あい》という草をもととしてできるが、もとである藍《あい》よりも青い。氷は水からできるが、もとである水よりも冷たい。

「青はこれを……」以下は、弟子が師について教えを受け、ついには師を超えてすぐれた人物になることを意味する。この「青はこれを藍《あい》より取りて」が後に「青は藍《あい》より出《い》でて」といわれるようになり、要約して、「出藍《しゅつらん》の誉《ほまれ》」という語も生まれた。

2　秋《あき》の扇《おうぎ》

新《あら》たに裂《さ》く斉《せい》の紈素《がんそ》
皎潔《こうけつ》なること霜雪《そうせつ》のごとし
裁《た》ちて為《な》す合歓《ごうかん》の扇《おうぎ》
団々《だんだん》として明月《めいげつ》に似《に》たり
君《くん》の懐袖《かいしゅう》に出入《しゅつにゅう》し
動揺《どうよう》して微風《びふう》発《はっ》す
常《つね》に恐《おそ》る秋節《しゅうせつ》至《いた》り
涼風《りょうふう》の炎熱《えんねつ》を奪《うば》うを
篋笥《きょうし》の中《なか》に棄捐《きえん》せられなば
恩情《おんじょう》中道《ちゅうどう》に絶《た》えん

この詩は、班婕妤《はんしょうよ》（班《はん》は姓、婕妤《しょうよ》は女官名）の「怨歌行《えんかこう》」である。班婕妤《はんしょうよ》は、漢《かん》の成《せい》帝の寵愛《ちょうあい》をうけたが、のちに成《せい》帝の愛が、趙飛燕《ちょうひえん》姉妹にうつると寵《ちょう》を失い、ひっそりと暮らして四十年余りの短い生涯をとじた。この詩は、成帝《せい》の寵《ちょう》を失ってのちの作とも、寵愛《ちょうあい》のおとろえを予知しての作ともいわれている。その意味はつぎのとおりである。

——斉《せい》の地は有名な白絹《しろぎぬ》の産地であるが、その斉《せい》の霜雪《そうせつ》のごとく純白な白絹でつくった合わせ扇《おうぎ》は、明月《めいげつ》のように円《まる》い。それは、あなたのふところに出入して、ゆれうごいて微風をおくるが、いつも、秋の涼風が吹きだして炎熱を奪いはしないかと恐れている。秋風が吹けば篋笥《はこ》の中にすてられて、あなたの恩情も絶えてしまうだろうから。

〈秋の扇〉はこの詩からでた言葉で、男の愛を失った女を意味する。「はかなくも〝秋の扇〟とすてられて……」のように使われる。

3　中《あた》らずと雖《いえど》も遠《とお》からず

〈中《あた》らずと雖《いえど》も遠からず〉、ぴたり適中してはいないが、そうたいしてまちがってもいない、という意。

この言葉は、儒教《じゅきょう》の経典《けいてん》の一つである『大学』にある。すなわち、一国を治《おさ》めるのは、赤ん坊を保育するようなものだと前提して、赤ん坊の養育を実験してから嫁入りする者はいない、嫁入りしてから赤ん坊を養育するのだが、それが大過《たいか》なくおこなわれるのは、誠心誠意ことにあたるからだ、国を治めるのも同様で、要は為政者《いせいしゃ》の誠意にかかる、と説いている。原文は、

「(国を治むるは……) 赤子《せきし》を保《ほ》するがごとし。心、誠にこれを求むれば、中《あた》らずと雖《いえど》も遠からず。いまだ子を養うを学びて、しかるのち嫁《か》する者あらざるなり」である。

4 危《あやう》きこと累卵《るいらん》のごとし(累卵《るいらん》の危機《きき》)

春秋時代のことである。晉《しん》(晋《しん》)・楚《そ》の二大国にはさまれて、曹《そう》という小国があった。たまたま晉《しん》に内紛があり、その王子の重耳《ちょうじ》(のちの文公《ぶんこう》)が国外に亡命していたが、あるとき曹《そう》にたちよった。曹《そう》の君主は、かねてから重耳《ちょうじ》が一枚あばらの珍しい体格だと聞いていたので、無礼にも重耳《ちょうじ》をはだかにして見物した。曹《そう》の重臣の釐負羈《きふき》は、君主の無礼なしうちがやがて禍《わざわい》をよび、自分もそれにまきこまれるだろうと心配したが、

「晋《しん》の公子も、その従者も、みな立派な人物です。いまでこそ窮《きゅう》して亡命していますが、かならず晋《しん》に帰るでしょう。晋《しん》に帰れば、亡命中に無礼なしうちをうけた国を誅伐《ちゅうばつ》するでしょう。そうすれば、曹《そう》は血祭りにあげられます。いまのうちに公子に工作しておいた方がいいでしょう」

という妻の言葉にしたがって、ご馳走《ちそう》をおくることにことよせて黄金と宝玉を重《ちょう》耳《じ》に贈った。その後、重耳《ちょうじ》は曹《そう》から楚《そ》へ、楚《そ》から秦《しん》へおもむいた。そして、秦《しん》の穆《ぼく》公の援助で晋《しん》に帰り、晋《しん》の君主になった。それから三年たって、重耳《ちょうじ》は曹《そう》を討伐《とうばつ》したが、釐負羈《きふき》の所領には一人の軍兵もいれなかった。

この話は、『韓非子《かんぴし》』の「十過篇《じっかへん》」にある。韓非子《かんぴし》はこの話をひいた後、つぎのようにのべている。

——礼をつくすということは大切なことだ。曹《そう》は小国で、晋《しん》・楚《そ》という大国の間にあった。その国の危《あやう》いことは非常なもので、卵を積み重ねたような状態だった〈危《あやう》きことなお累卵《るいらん》のごとし〉。そのような状態であるにもかかわらず、無礼な態度で大国間にのぞんだので、国を亡《ほろ》ぼしてしまったのだ。

〈危《あやう》きこと累卵《るいらん》のごとし〉とは、非常に危険なことの形容であるが、いまは〈累卵《るいらん》の危機〉とか〈累卵《るいらん》の危《あやう》きにある〉とかに変形して使われることが多い。

5 暗中模索《あんちゅうもさく》

唐《とう》の許敬宗《きょけいそう》という文学者は、そそっかしい性格だったので、人に会っても忘れてしまうことが多かった。その上、傲慢《ごうまん》なところもあったので、あまり評判がよくなかった。そこで、ある人が、

「あなたは、頭のいいほうではないのではありませんか」

と皮肉った。すると、許敬宗《きょけいそう》は答えた。

「おまえらのように特徴のない連中は、おぼえにくいだけだ。もし、何遜《かそん》、劉孝綽《りゅうこうしゃく》、沈約《しんやく》、謝眺《しゃちょう》のようなすぐれた文人に遇《あ》えば、暗《やみ》のなかで手さぐりするだけでもすぐわかるさ〈暗中模索するも、また識《し》るべし〉」

この話は、『隋唐佳話《ずいとうかわ》』にある。〈暗中模索〉はここからでた言葉で、やみの中で手さぐりに物をさがす意味である。

6　石《いし》に漱《くちすす》ぎ流《なが》れに枕《まくら》す

石で口をすすぎ、水流を枕として寝るという意味で、負け惜《お》しみの強いことを形容する言葉。『晉書《しんじょ》』の「孫楚《そんそ》伝」につぎのような話がある。

魏晉《ぎしん》南北朝時代の晉《しん》の国に、孫楚《そんそ》という人がいた。すぐれた文才の持ち主で、若いころ俗世間からはなれて隠棲《いんせい》しようと思ったことがある。そのとき、友人の王済《おうせい》に気持ちをうちあけたが、「石に枕し流れに漱《くちすす》ぐ」というべきところを、誤って「石に漱《くちすす》ぎ流れに枕す」と言った。王済《おうせい》がその誤りを指摘すると、孫楚《そんそ》は、「流れに枕するのは、耳を洗いたいからだ（俗事を聞いた耳を洗いきよめるという意味）。石で漱《くちすす》ぐのは、歯をとぎたいからだ」と強弁したという。

夏目漱石《なつめそうせき》の「漱石」という雅号《がごう》はこれからとったもので、みずから臍《へそ》まがりをもって任じていたのであろう。

7　衣《い》食《しょく》足《た》りて礼節《れいせつ》を知《し》る

〈衣食足りて礼節を知る〉は、『管子《かんし》』の「牧民篇《ぼくみん》」からでた。原文は「倉廩実《そうりんみ》ちて礼節を知り、衣食足りて栄辱《えいじょく》を知る」であるが、いつのまにか、つまったのである。『管子』はいうまでもなく管仲《かんちゅう》（「管鮑《かんぽう》の交《まじわ》り」の項、65ページ参照）の著作である。管仲《かんちゅう》は、中国古代の思想家としては珍しく唯物《ゆいぶつ》的な立場を明示している。すなわち、個人生活も社会生活も、物質的生活が基礎になって精神的生活が展開されるというのである。「倉廩《そうりん》実《み》ちて礼節を知り、衣食足りて栄辱《えいじょく》を知る」もそうした主張の一つであるが、他にも「衣食足れば侵争《しんそう》生《しょう》ぜず、怨怒《おんど》あるなし」（禁蔵篇《きんぞう》）とか、「財天下を蓋《おお》わざれば、天下を正す能《あた》わず」（七法篇《しちほう》）などの言がある。

8　以心伝心《いしんでんしん》

宋《そう》の沙門道彦《しゃもんどうげん》が、多くの法語を記録し、釈迦《しゃか》以来の祖師《そし》の法脈《ほうみゃく》を系統づけた『伝燈録《でんとうろく》』に「仏滅後、法を迦葉《かしょう》に附《ふ》す、以心伝心」とある。つまり、釈迦《しゃか》は迦葉《かしょう》尊者《そんじゃ》に仏教の真理を伝えたが、それは以心伝心でおこなわれたというのである。そして、そのきっかけは霊山《れいざん》の集会であった。

――あるとき、釈迦《しゃか》は霊山に弟子たちを集めて説教した。そのとき釈迦《しゃか》は蓮《はす》の華を手にして、拈《ひね》って弟子たちに示した。弟子たちは、その意味をはかりかねてみな黙っていたが、迦葉尊者《かしょうそんじゃ》だけは、その意を悟《さと》ってにっこりと微笑《びしょう》した。そこで釈迦《しゃか》は迦《か》葉尊者《しょうそんじゃ》を認めたわけである。

〈以心伝心〉は、はじめは、「深奥《しんおう》の理は言葉などでは表現できるものではないから、心で悟るべきだ」との意を含んで用いられたが、のちには、ひろく「心から心へ伝える」とか、「暗黙の了解」とかの意に用いられるようになった。

9　一言以《いちげんもっ》てこれを蔽《おお》う

『論語《ろんご》』に、「詩三百、一言以《いちげんもっ》てこれを蔽《おお》わば、曰《いわ》く、思邪《おもいじゃ》なし」という孔子《こうし》の言葉がある。その大意は、――『詩経』には約三百篇の詩があり、内容はいろいろであるが、一言でその全体を統《す》べると、「思邪《おもいじゃ》なし」ということにつきる――である。〈一言以《いちげんもっ》てこれを蔽《おお》う〉は、この孔子《こうし》の言葉からでた。一言ですべてを蔽《おお》いつくすという意味である。「思邪《おもいじゃ》なし」も有名な言葉である。もともと『詩経』にある言葉で、なんの作意もない純粋な内心の流露《りゅうろ》の意で、これを引用して『詩経』を評した孔子《こうし》の語は、たくまずして芸術の本質をついていると言えよう。

10　一網打尽《いちもうだじん》

宋《そう》の仁宗《じんそう》皇帝の時代、杜衍《とえん》が同平章事《どうへいしょうじ》（宰相《さいしょう》）だったときのことである。当時、帝が大臣たちに相談せずに恩詔《おんしょう》をくだす習慣があり、これを内降《ないこう》と呼んでいた。杜《と》衍《えん》はその内容が妥当でないことがあってはと心配して、内降の沙汰《さた》があると、ほとんど握りつぶしてしまった。それ故《ゆえ》に、彼の専横《せんおう》を憎むものもあり、御史中丞《ぎょしちゅうじょう》（検察官）の王拱辰《おうこうしん》もその一人だった。たまたま、杜衍《とえん》の女婿《むこ》の蘇舜欽《そしゅんきん》が進奏院《しんそういん》（官報所）の長官だったが、あるとき、役所の反古《ほご》紙を売りはらった公金で、神を祀《まつ》り、おおくの客を招待して宴会をひらいた。つまり、一種の汚職をおこなったのである。王拱辰《おうこうしん》は、得《え》たりとばかりにこの汚職を追及し、数人のものを罪におとした。そして、「われ、一網《いちもう》に打ち去り尽《つ》せり」と言ってよろこんだ。杜衍《とえん》も同平章事《どうへいしょうじ》をやめた。

この話は『十八史略《じゅうはっしりゃく》』にある。〈一網打尽《いちもうだじん》〉は、この「一網に打ち去り尽せり」からでた言葉で、投網《とあみ》で魚群をとりつくすように、ある仲間を一挙に捕えて罪する意である。

11　一葉《いちよう》落《お》ちて天下《てんか》の秋《あき》を知《し》る

この言葉から、坪内逍遙《つぼうちしょうよう》の名作『桐一葉《きりひとは》』を思いだす人は多いだろう。『桐一葉』は、関ケ原の役《えき》後、必死で大坂城をささえていた片桐且元《かたぎりかつもと》が、淀君《よどぎみ》を中心とする愚者《ぐしゃ》どもに陥《おと》しいれられて、一人さびしく大坂城を去って、茨木《いばらぎ》の居城に隠退《いんたい》するというあらすじである。つまり、「片桐」の「桐」にかけて、一葉の落ちることによって、やがて大坂が落城するであろうことを象徴させているのである。

〈一葉落ちて天下の秋を知る〉とは、この『桐一葉』の例のように、小さな兆候から衰亡《すいぼう》の形勢を察するたとえに使われる言葉である。ところで、この言葉は、唐《とう》の詩人の句として『文録《ぶんろく》』に収められているが、そのもとは、『淮南子《えなんじ》』の〈一葉落つるを見て、歳のまさに暮れんとするを知り、瓶中《へいちゅう》の氷をみて、天下の寒きを知る〉である。そして、『淮南子《えなんじ》』の場合は、小現象から大原理を悟《さと》ることが肝要《かんよう》という意味に使われている。なお、李子卿《りしけい》の『秋虫賦《しゅうちゅうふ》』では、〈一葉落つ天地の秋〉となっている。

12　一挙両得《いっきょりょうとく》

〈一挙両得〉には同義語が多い。『晉書《しんじょ》』『類書纂要《るいじょさんよう》』には〈一挙両得〉、『魏志《ぎし》』には〈一挙二得〉、『桃花扇《とうかせん》』には〈一挙隻擒《そうきん》〉とあり、また『春秋後語』には〈一挙両《りょう》獲《かく》〉とある。話としては『春秋後語』のものがおもしろいと思うので紹介しよう。

むかし、弁荘子《べんそうし》という男がいた。生まれつき勇敢なことが好きだった。あるとき、宿屋に泊っていると、虎がでたときいて刺し殺そうとした。すると、宿屋の管《かん》という下男が言った。

「お待ちください。いま、二匹の虎が牛を餌食《えじき》にしようと狙っています。これは必ず虎どうしの争いになります。二匹が争えば強大な虎は負傷し、弱小の方は殺されましょう。そこで、負傷しているやつを刺殺なされば、いっぺん武器をふるわれるだけで、きっと二つの獲物がございましょう〈一挙《いっきょ》にして必ず両獲《りょうかく》あらん〉」

弁荘子《べんそうし》がなるほどと思ってそのとおりにすると、はたして二匹の虎を手に入れることができたという。

なお、〈一石二鳥《いっせきにちょう》〉も同義語であるが、これは西洋の言葉から翻訳したものだという。いまは、この〈一石二鳥〉と〈一挙両得〉が、この意の言葉としてよく使われている。

13　一将《いっしょう》功《こう》成《な》りて万骨《ばんこつ》枯《か》る

さしも絢爛《けんらん》たる文化をほこった唐《とう》朝にも、ついに衰滅《すいめつ》のときが訪れた。皇室とそれをとりまく重臣たちの豪奢《ごうしゃ》な生活を維持するために、税は年ごとに重くなった。人民の生活は苦しさを増した。そして、反乱が勃発《ぼっぱつ》したのである。戦火はとめどもなく広がり、盗賊は横行し、流民は増加の一途をたどった。

このような僖宗《きそう》皇帝の乾符《けんぷ》六年、すなわち己亥《きがい》の歳《とし》に、惨憺《さんたん》たる時世をまのあたりにして、老いたる詩人、曹松《そうしょう》は、『己亥歳《きがいのとし》』と題して次のように歌った。

沢国《たくこく》の江山《こうざん》　戦図《せんと》に入る
生民《せいみん》　何の　計《はかりごと》　ぞ　樵漁《しょうりょう》（樵蘇《しょうそ》）を楽しまん
君に憑《たの》む　話《かた》ることなかれ　封侯《ほうこう》の事
一将《いっしょう》　功《こう》成《な》りて　万骨《ばんこつ》枯《か》る

〈この揚子江《ようすこう》下流地方の江《かわ》も山も、戦火につつまれた。住民は、もはや、木を伐《き》ったり魚を釣《つ》ったりの生活を楽しんではいられない。君よ、戦功をたてて諸侯に封《ほう》ぜられるというような話はしないでくれ。一人の将軍がそのように栄達していくかげには、万にものぼる人たちが空しく骨と化しているのだから〉

一将功成《いっしょうこうな》りて万骨枯《ばんこつか》る——それは、なにも軍人ばかりのこととは限らない。われわれの生きる社会において、政治、経済その他の面に、そうしたことがなければ幸いである。

14　一擲乾坤《いってきけんこん》を賭《と》す（乾坤一擲《けんこんいってき》）

竜疲れ虎困《くる》しみて川原《せんげん》に割《わか》ち
億万の蒼生《そうせい》（人民）　性命《せいめい》を存《そん》す
誰か君王に馬首《ばしゅ》を回《めぐ》らすを勧《すす》めて
真に一擲乾坤《いってきけんこん》を賭《と》するを成せる

これは、韓愈《かんゆ》（退之《たいし》）の『鴻溝《こうこう》を過《す》ぐ』と題する詩である。鴻溝《こうこう》とは河南省を流れる川の名で、むかし、楚《そ》の項羽《こうう》と漢《かん》の劉邦《りゅうほう》（のちの高祖《こうそ》）が天下を争っていたとき、この川を境にして天下を東西に二分したことがあり、この詩はその当時を回想して詠《えい》ぜられたものである。

秦《しん》が亡《ほろ》びた後、天下は項羽《こうう》と劉邦《りゅうほう》によって争われた。はじめは項羽《こうう》の勢いが強かったが、そのうちに韓信《かんしん》や彭越《ほうえつ》らの活躍によって、次第に劉邦《りゅうほう》が勢いをもりかえした。窮地《きゅうち》に立った項羽《こうう》は、劉邦《りゅうほう》と約して鴻溝《こうこう》より東を楚《そ》、西を漢《かん》と定めて和を結んだ。そして、項羽《こうう》は軍を収めて東に帰った。劉邦《りゅうほう》も西に帰ろうとしたが、張良《ちょうりょう》と陳平《ちんぺい》がつぎのように進言した。

「いま、漢《かん》は天下の大半をたもち、諸侯も多く従っております。楚《そ》は兵力すくなく食糧にもこと欠いている状態です。これは、天が漢《かん》に楚《そ》をあたえたのだと申せましょう。いまという好機を逸《いっ》しましたら、禍《か》を後にのこすことになります」

劉邦《りゅうほう》はこの進言をききいれて、軍を東に回《かえ》し、ついに項羽《こうう》を垓下《がいか》（安徽省《あんきしょう》）に包囲することになったのである。

〈一擲乾坤《いってきけんこん》を賭《と》す〉は、天下を争って、のるかそるかの勝負をこころみることであり、略して〈乾坤一擲《けんこんいってき》〉ともいわれ、今ではこの方がよく使われるようである。

15　壱敗地《いっぱいち》に塗《まみ》れる

秦《しん》の二世の元年、陳勝《ちんしょう》が反乱をおこすと、多くの郡県では、その秦《しん》から派遣されている長官を殺して陳勝《ちんしょう》に呼応した。このような形勢をみて、沛《はい》県の長官はおそれをいだき、自分で沛《はい》の人々をひきいて陳勝《ちんしょう》に応じようとしたが、下役の蕭何《しょうか》と曹参《そうしん》の意見を入れて、県外に逃亡していた劉季《りゅうき》（劉邦《りゅうほう》のこと。のちの漢《かん》の高祖《こうそ》）を呼びかえして味方につけることにした。ところが、帰ってきた劉季《りゅうき》は、すでに約百人の部下をしたがえていたので、長官は変事をおこされては大変だとおそれて、町の城門を閉《し》めて劉季《りゅうき》をなかにいれず、蕭何《しょうか》と曹参《そうしん》を殺そうとした。二人は城壁をのりこえて劉季《りゅうき》のもとに走った。そこで、劉季《りゅうき》は城中に矢文《やぶみ》を射こんで、沛《はい》の父老《ふろう》に天下の情勢を知らせるとともに、長官を殺せと指令した。父老は子弟をひきいて長官を殺し、城門を開いて劉季《りゅうき》を迎えいれた。そして、あらためて彼を沛《はい》の長官にしようとした。

劉季《りゅうき》はそれを辞退して、

「いまは、むずかしい時期なのだから、指揮者をえらびそこなうと〝壱敗地《いっぱいち》に塗《まみ》れ〟

てしまう。わたしは、命が惜しくて尻ごみするのではない。才能がうすいためにみなを無事にたもつことができないのではないかと心配するのだ。もっと適任者をえらんでくれ」

と言った。しかし、父老たちは是非にとたのんで劉季《りゅうき》を沛《はい》の長官にたてた。

この話は、『史記』の「高祖本紀《こうそ》」にある。〈壱敗地《いっぱいち》に塗《まみ》れる〉とは、ひとたび敗れて、肝脳《かんのう》（肉体と精神）が地にまみれることで、惨憺《さんたん》たる敗北という意味であるが、いまはもっと軽く、負ける意に使われる。

16 一夫関《いっぷかん》に当《あた》れば万夫《ばんぷ》も開《ひら》く莫《な》し

唐《とう》の李白《りはく》の『蜀道難《しょくどうなん》』と題した楽府《がふ》（一種の長詩）のなかの句。一人の男が険難《けんなん》の地の関所を守れば、万人の男が攻めても開《あ》けることはできないという意味で、きびしい天険《てんけん》（険しい地形、自然の要塞）の形容に使う。『蜀道難』では、剣閣山《けんかくざん》の険しさの形容につかわれていて、その部分は次のとおりである。

剣閣《けんかく》　崢嶸《そうこう》（深く険しい）として崔嵬《さいかい》（高く大きい）

一夫《いっぷ》　関《かん》に当《あた》れば
万夫《ばんぷ》も開く莫《な》し

わが国では、滝廉太郎《たきれんたろう》の作曲で有名な歌曲「箱根八里」にこの句が借用されている。すなわち、箱根山が函谷関《かんこくかん》や蜀《しょく》の桟道《さんどう》よりも険しいとうたってから、次のように形容している。

雲は山を巡《めぐ》り　霧は谷を閉《とざ》す
昼なお暗き　杉の並木
羊腸《ようちょう》の小径《しょうけい》は　苔《こけ》なめらか
一夫《いっぷ》　関《かん》に当《あた》るや萬夫《ばんぷ》も開くなし

17　井《い》の中《なか》の蛙《かわず》（大海《たいかい》を知《し》らず）

〈井の中の蛙《かわず》〉とは、自分の身辺の狭い範囲だけを唯一の世界と思いこんで、他に広い世界があることを知らずにいい気になっている人という意味であり、軽く言えば世間知らずのことである。〈井の中の蛙《かわず》、大海を知らず〉ともいう。その語源としては、〈井蛙《せいあ》〉と〈井底の蛙《せいていあ》〉がある。

――〝井蛙《せいあ》〟には海について語ることはできない。その住居である井にのみ拘泥《こうでい》しているからだ。夏の虫には氷について語ることはできない。それは夏だけしか生存せず、したがって、夏という時節に拘泥しているからだ。それと同様に、人間的な規模で考えられた「仁義《じんぎ》」だけしか知らない連中には、天下の大道《だいどう》について語ることはできない。彼等は自分らがうけた教えに束縛されているからだ。

これは『荘子《そうじ》』の「秋水篇《しゅうすい》」にある語で、精神の自由の世界にあそぶ荘子《そうじ》が儒教《じゅきょう》の徒を批判した箇処《かしょ》であるが、儒教の徒を〈井蛙《せいあ》〉にたとえているわけである。〈井底蛙《せいていあ》〉は『後漢書《ごかんじょ》』の「馬援伝《ばえん》」にある言葉で、その話はつぎのとおりである。

――馬援《ばえん》は前漢《ぜんかん》の末から後漢《ごかん》の初めにかけての人で、その先祖は前漢の武《ぶ》帝のときの官吏《かんり》だった。若いころ大志をいだいて農牧に従事し、巨万の富を手中にしたが、その富をすべて人々に分けあたえるような人物だった。やがて、隴省《ろうせい》（甘粛省《かんしゅく》）一帯をしたがえていた隗囂《かいごう》が馬援《ばえん》の人物を認めて、将軍にとりたてるとともに相談役にした。そして、あるとき、蜀《しょく》（四川省）に拠《よ》って帝を自称していた公孫述《こうそんじゅつ》がどの程度の人物であるか見にやった。馬援《ばえん》は公孫述《こうそんじゅつ》とは同郷であり、かつては親しい友人で

もあったので、懐かしさを抱いてでかけていった。ところが、公孫述《こうそんじゅつ》は武装兵を配列して尊大な態度で馬援《ばえん》を引見《いんけん》し、

「よくきた。まあ昔の関係もあるから将軍にしてやろう」

と、権勢をひけらかした。馬援《ばえん》はいっぺんに公孫述《こうそんじゅつ》の小人物たることを見ぬいて、帰って隗囂《かいごう》に報告した。

「彼は〝井底蛙《せいていあ》〟で、ただやたらに尊大にかまえているにすぎません」

そこで、隗囂《かいごう》は、公孫述《こうそんじゅつ》と手を握ることをやめた。馬援《ばえん》が後漢の光武《こうぶ》帝に仕えるようになったのは、この後のことである。

18 韋編三絶《いへんさんぜつ》

『史記』の「孔子世家《こうしせいか》」によれば、孔子《こうし》は、晩年に『易経《えき》』を愛好し、熟読した結果、〈韋編《いへん》三たび絶《た》つ〉にいたったという。

孔子《こうし》の時代には、まだ紙はなかった。だから書物もわれわれが手にするような形のものではなく、竹簡《ちくかん》（漆《うるし》で文字を書いた竹の札《ふだ》）をなめし皮のひもでとじたものであった。韋編《いへん》とは、そのなめし皮のひものことで、繰《く》りかえし繰りかえし読んだため

に、それが幾度も切れたというのである。つまり、〈韋編三絶《いへんさんぜつ》〉とは、何回も書物を読む意である。

こうした孔子《こうし》の『易経』に対するうちこみようは、われわれに大きな感銘をあたえる。だが、孔子《こうし》自身は、なお満足せずに、〝もし、天がわたしにあと数年の寿命をあたえてくれて、今の調子で易《えき》を勉強できたら、わたしは易の理においてはそうたいした謬《あやま》りがないようになるだろう〟と言っている。韋編三絶《いへんさんぜつ》ののちにますます精進《しょうじん》して、生涯をかけて易の深奥《しんおう》に肉薄する孔子《こうし》の謙虚な態度は、われわれに崇高《すうこう》なきびしさを教えてくれる。

19　殷鑑遠《いんかんとお》からず

中国の最古の王朝は夏《か》であり、つぎは殷《いん》、つぎは周《しゅう》である。夏《か》の始祖である禹《う》王が王朝をたててから約四百年、十七代目の桀《けつ》王は、知能においても、武勇においても、すぐれた人物だった。しかし、妹喜《ばっき》という女性を溺愛《できあい》するようになってからは、まったく政治をかえりみず、豪奢《ごうしゃ》な淫楽《いんらく》の生活に明け暮れた。そのために国力は疲弊し、人民は重税に苦しんで怨嗟《えんさ》の声をあげた。その声は次第に高まり、ついに民心が夏《か》王朝を去ったことを察した殷《いん》の湯《とう》王が、天に代って桀《けつ》王を討《う》ち、夏《か》王朝を亡ぼした。これが中国史上はじめての「革命」である。

殷《いん》は湯《とう》王によって王朝をひらいたが、それから約六百年、二十八代目の紂《ちゅう》王にいたって亡《ほろ》びた。紂《ちゅう》王も、知は諫言《かんげん》をふさぐに足り、勇力は猛獣を素手で生けどりにするほどの人物であったが、妲己《だっき》という妖婦《ようふ》を溺愛《できあい》するようになってから、すさんだ生活の中におちた。たとえば宮庭の池に酒をみたし、周囲の木立に肉をかけ、淫《みだ》らな音楽を奏しては裸の男女を駆《か》ってその池にとびこませ、木立のなかを走りまわらせる、いわゆる「酒池肉林《しゅちにくりん》」の遊びを楽しんだりした。そして、そのための費用は重税となって人民の肩にふりかかった。だから、人民が怨《うら》みの念をいだかぬはずはない。心ある人々は事態を憂慮《ゆうりょ》して紂《ちゅう》王を諫《いさ》めた。西伯《せいはく》（のちの周《しゅう》の文《ぶん》王）もそうした人々のうちの一人であり、彼の諫言《かんげん》が、

殷鑑《いんかん》遠からず、夏后《かこう》の世に在《あ》り

という有名な言葉である。この言葉は、『詩経』の「大雅《たいが》、蕩《とう》」の詩句として残っている。——殷《いん》の王のお手本とすべきものは、遠い過去にもとめずとも、夏《か》の后《きみ》の桀《けつ》

の滅亡にある、という意味である。しかし、紂《ちゅう》王はいかなる諫言《かんげん》をもききいれなかった。その結果、人民や諸侯の心は殷《いん》からはなれて周《しゅう》にかたむき、周《しゅう》の武《ぶ》王が殷《いん》の紂《ちゅう》王を亡《ほろ》ぼすという第二の「革命」がおこなわれたのである。

〈殷鑑《いんかん》遠からず〉は、つまり、他の失敗のあとに鑑《かんが》みて、自分の戒《いまし》めとする意である。たしか漱石《そうせき》の小説のなかに、東大のある教授が、この言葉をもじって「印鑑遠からず、本郷の区役所にあり」と言って学生を笑わせる場面があるところをみると、明治から大正にかけては常用語であったのだろう。

20 慇懃《いんぎん》（無礼《ぶれい》）

〈慇懃《いんぎん》〉にはいくつかの意味がある。「慇懃《いんぎん》な人だ」「慇懃《いんぎん》にあいさつする」といえば〝ていねい〟の意、「慇懃《いんぎん》の歓《かん》」といえば〝ねんごろ〟という意味、「慇懃《いんぎん》を通ず」といえば〝密通〟という意味である。「慇懃《いんぎん》を通ず」については、司馬相如《しばしょうじょ》のおもしろい語が『史記』の「司馬相如《しばしょうじょ》列伝」に記されている。

司馬相如《しょうじょ》といえば漢《かん》の武《ぶ》帝のころの文人で、『子虚賦《しきょのふ》』『大人賦《だいじんのふ》』その他の詩文であまりにも有名であるが、若いころはインテリくずれの不良青年だった。成都《せいと》の出身で、臨邛《りんきょう》（地名）の県令（知事）の王吉《おうきつ》と親しかった。そして、馬車一台があるほかは、家には四方の壁しかないという貧乏生活をおくっていたが、あるとき、王吉《おうきつ》と共謀して県令さまの賓客《ひんきゃく》になりすまし、臨邛《りんきょう》きっての資産家、卓《たく》氏の宴席にのぞんだ。卓《たく》氏には文君《ぶんくん》という美しい娘があり、そのころ寡婦《かふ》（未亡人）になって家にもどっていた。相如《しょうじょ》は、文君《ぶんくん》が音楽ずきなのを知って、琴《こと》を弾じて気をひき、文君《ぶんくん》の侍《じ》女《じょ》を買収して情を通じた〈相如《しょうじょ》、すなわち、侍人《じじん》をして文君《ぶんくん》の侍者《じしゃ》に重賜《ちょうし》し、慇懃《いんぎん》を通ぜしむ〉。

二人は手に手をとって成都《せいと》に駆け落ちしたが、もとより生活がたつはずはない。卓《たく》氏は怒って一切の援助をしない。やむなく二人は臨邛《りんきょう》にまいもどって、唯一の財産の馬車を売りはらい、小さな飲み屋を開業した。文君《ぶんくん》が女将で相如《しょうじょ》が下男の役である。この噂《うわさ》がひろまると、卓《たく》氏は、親戚のてまえもあって、ほっておけなかった。とうとう財産を分けて、成都《せいと》にしかるべき居を構えさせた。相如《しょうじょ》の文才が認められたのは、その後のことである。

〈慇懃《いんぎん》〉にほ、このほかに「慇懃無礼《いんぎんぶれい》」という使い方がある。「慇懃尾籠《いんぎんびろう》」ともいい、慇懃《いんぎん》にすぎてかえって無礼の意であるが、現在でははじめから無礼を意図していて慇懃《いんぎん》をよそおうことをさしていうことが多い。

21　陰徳《いんとく》ある者《もの》は必《かなら》ず陽報《ようほう》あり

春秋時代のことである。楚《そ》の荘《そう》王が群臣《ぐんしん》をあつめて酒宴をひらいた。日がくれて酒宴がたけなわのころ、急に燈《とう》火《か》が消えた。すると、ある女官の衣服をひっぱって、いたずらしようとした男があった。その女官は逆に男をひきよせて、その冠のひもをたち切った。そして、そのわけを荘《そう》王に告げて、はやく燈火をつけて犯人を調べてほしいとたのんだ。しかし、荘《そう》王は、群臣を慰労《いろう》するために酒宴をひらいたのであって、酔って礼を失するものがあったからといって、婦人の節操をあきらかにするために士を辱《はずかし》めることは妥当でないと思った。そこで、左右に命じた。

「この席にいるものは、みな冠のひもをたち切れ」

百余人の臣下はみな命にしたがった。やがて燈火もつき、楽しい空気のうちに宴は終わった。

それから二年たって、晉《しん》が楚《そ》に戦いをしかけた。そのとき、一人の臣下がつねに荘《そう》王の前にあって命を的に勇戦し、戦いは楚《そ》の勝利に帰した。荘《そう》王はいぶかしんで、その臣下に問うた。

「わしは、おまえを特別に優遇したおぼえはない。それなのに、おまえは、わしのために死ぬことを当然と心得ているようだが、どうしてなのか」

「臣は、かつて女官に冠のひもを切られた者です。あのとき、王さまは臣に陰徳をほどこしてくださいました。臣は、どうしても顕《あら》わにお報《むく》いしたかったのです」

この戦いで晉《しん》軍を斥《しりぞ》けたことが、楚《そ》が強大になる一因であった。これこそ、ひそかに徳をほどこすものには、その報いとして必ずあらわに福があたえられる〈これ、陰徳ある者は、必ず陽報あり〉ということであろう。

この話は、後漢《ごかん》の劉向《りゅうきょう》が書いた逸話集『説苑《ぜいえん》』にある。

22 烏合《うごう》の衆《しゅう》

〈烏合の衆〉という言葉は、まず『漢書《かんじょ》』の「酈食其《れきいき》伝」にみえるが、この言葉を使った話としては『後漢書《ごかんじょ》』の「耿弇《こうえん》伝」の方が有名なので、それを紹介しよう。

劉秀《りゅうしゅう》（のちの後漢《ごかん》の光武《こうぶ》帝）が、前漢《ぜんかん》の天下を奪った王莽《おうもう》を倒して、ふたたび漢《かん》の世にかえしたのはご承知の通りだが、彼が王莽《おうもう》を倒したころは、まだ天下は騒然としていた。それほ、王莽《おうもう》の失政のために、群雄が各地に割拠して勢威をふるうようになり、その状態がまだ続いていたからである。

その群雄のなかでも、王郎《おうろう》は大きな存在だった。易者あがりの王郎《おうろう》は、不敵にも、前漢《ぜんかん》の成《せい》帝の皇子劉子輿《りゅうしよ》だと詐称《さしょう》して大軍を集め、邯鄲《かんたん》(河北省)を根拠地として天下を狙《ねら》っていた。劉秀《りゅうしゅう》は、当然、王郎《おうろう》の討伐《とうばつ》にむかった。

当時の上谷《じょうこく》郡(河北省)の長官の耿況《こうきょう》は、かねてから劉秀《りゅうしゅう》を尊敬していたが、この機に、息子の耿弇《こうえん》を劉秀《りゅうしゅう》のもとに送ろうと思った。ときに耿弇《こうえん》は二十一歳、一軍をひきいて、勇躍して劉秀《りゅうしゅう》の軍に急いだ。その途中のことである。軍中に、王郎《おうろう》こそ漢《かん》の正統だと信じている者があり、劉秀《りゅうしゅう》の配下になるのは間違いだと言いだした。すると、耿弇《こうえん》は怒って言った。

「王郎《おうろう》はただの賊徒《ぞくと》だ。皇子の名を詐称《さしょう》しているに過ぎない。大軍を擁《よう》していると言っても、烏合《うごう》の衆だ。わが上谷《じょうこく》軍の突撃隊をつっこませれば、あんな烏合の衆をふみにじるのは、枯れ木を摧《くだ》き折るようなものだ。王郎《おうろう》は、無論、捕虜になるさ。この道理がわからずに賊徒《ぞくと》に与《くみ》すれば、身の破滅を招くだけだぞ」

しかし、盲信《もうしん》の徒の迷いはさめず、王郎《おうろう》の方に逃げていった。耿弇《こうえん》は彼らを放置したまま、劉秀《りゅうしゅう》の軍にむかい、後に、幾多の軍功をたてた。

〈烏合の衆〉とは、統制のない寄りあつまりの軍勢のことであり、後には、たんに寄り合い世帯の意味にも使われるようになった。

23　怨骨髄《うらみこつずい》に入《い》る（徹《てっ》す）

晋《しん》の文《ぶん》公が死んだ年のことである。鄭《てい》から、

「わたしは鄭《てい》の都の城門を管理しているものです。そっと門を開きますから、どうぞ鄭《てい》を襲撃なさってください」

と秦《しん》に通じたものがあった。秦《しん》の穆《ぼく》公はそれをとりあげて、遠征の可否を蹇叔《けんしゅく》と百里傒《ひゃくりけい》にたずねた。二人は、

「数国の領土を通過して千里の遠きに軍をだした場合、利益があったためしは、ほとんどありません」

と言って反対したが、穆《ぼく》公はその意見をきかずに鄭《てい》遠征を強行した。遠征軍の将軍は、百里傒《ひゃくりけい》の子の孟明視《もうめいし》、蹇叔《けんしゅく》の子の西乞術《せいきつじゅつ》、および白乙丙《はくいっへい》が任命された。秦《しん》軍が周《しゅう》をすぎて晋《しん》の滑《かつ》（河南省）まで進んだとき、鄭《てい》の弦高《げんこう》という商人が十二頭の牛を周《しゅう》に売りにでかけてきたのと出会った。弦高《げんこう》は殺されてはたまらないと思って、その牛を秦《しん》軍に献上し、

「大国がわが鄭《てい》に誅罰《ちゅうばつ》をお加えになるとうけたまわりまして、わが君主は、防備をかためるとともに、わたくしめに十二頭の牛を献上してあなたがたを慰労申しあげよと命じました。どうぞこの牛をお収めください」

と申しでた。秦《しん》の三人の将軍は、鄭《てい》がすでにわが軍の襲撃を察知していたのでは、往《い》っても効果がないと判断して、矛《ほこ》を転じて滑《かっ》を亡ぼした。晋《しん》では、まだ文公《ぶん》の葬儀をすませていないときだったので、文《ぶん》公のあとをついだ襄《じょう》公は、先君の喪《も》につけこんで秦《しん》が攻撃してきたと解釈し、殽《こう》（河南省）に大軍をおくって秦《しん》軍を遮《さえぎ》り、大いにこれを破って秦《しん》の三人の将軍を捕虜にした。ところが、文《ぶん》公の夫人は秦《しん》の公女だったので、三人を無事に秦《しん》に帰してやろうと思って襄《じょう》公に言った。

「秦《しん》の穆《ぼく》公がこの三人を怨《うら》むことは非常なもので、骨髄《こつずい》にまでとどくほどでしょう〈穆《ぼく》公のこの三人を怨《うら》むこと、骨髄《こつずい》に入《い》る〉。どうかこの三人を秦《しん》に帰して、穆《ぼく》公に存分に処分させてください」

襄《じょう》公はこれを許した。三将軍が秦《しん》に帰ると、穆《ぼく》公はおのれの計画の誤っていたことを詫《わ》び、三人をもとの官位に復した。

この話は、『史記』の「秦《しん》本紀」にある。〈怨骨髄《うらみこつずい》に入《い》る〉は、この文《ぶん》公夫人の言からでた。いまでは〈怨骨髄《うらみこつずい》に徹す〉として使われている。人を怨《うら》むことの深い意である。

24　燕雀《えんじゃく》安《いずく》んぞ鴻鵠《こうこく》の志《こころざし》を知《し》らんや

始皇帝《しこうてい》の死後、秦《しん》の圧政にたえかねて各地に反乱がおこり、ついに秦《しん》は滅亡するが、その反乱の口火をきったのが陳勝《ちんしょう》である。陳勝《ちんしょう》は、のちに陳《ちん》の地で王をとなえ、「張楚《ちょうそ》」という国をたてて秦《しん》に対抗し、ついに敗北した人物であるが、もともとは河南省・陽武《ようぶ》県の日傭《ひやとい》農夫であった。

陳勝《ちんしょう》がまだ郷里で日傭《ひやとい》農夫であったころのことである。ある日、彼は仲間と田を耕していたが、鍬《くわ》を投げだして丘へあがった。その胸のうちには、自分たちのみじめな生活のもとになっている秦《しん》の圧政に対する怒りが渦まいていた。彼はふりむいて仲間に言った。

「いつかおれが富貴な身分になっても、お互いに忘れないようにしようぜ」

仲間は嘲笑《ちょうしょう》してこたえた。

「気でも狂ったのか、おまえは日傭《ひやとい》農夫だぞ。富貴な身分になんかなれるものか」

これを聞くと、彼は嘆息してひとりごちた。

「ああ、燕雀《えんじゃく》安《いずく》んぞ鴻鵠《こうこく》の志《こころざし》を知らんや（燕《つばめ》や雀《すずめ》のような小さな鳥は、とても鴻《おおとり》や鵠《くぐい》のような大きな鳥の大志を理解できない）」

〈燕雀《えんじゃく》安《いずく》んぞ鴻鵠《こうこく》の志《こころざし》を知らんや〉実にさかんな自負の表現である。ひとつまちがえばみじめな自慰《じい》になりかねないが、人々のこうした自負から歴史が生まれるということもいえよう。陳勝《ちんしょう》はのちに大沢郷《だいたくきょう》で兵を挙げたとき、〈王侯将相寧《なん》ぞ種あらんや（王侯も大臣・大将も、それになる人がはじめから決《きま》っているのではない、誰だってなれるのだ）〉と言ったが、これは〈燕雀《えんじゃく》安《いずく》んぞ……〉のうらがえしの表現である。話は、ともに『史記』の「陳渉世家《ちんしょうせいか》」に記されている

25　老《お》いてまさに益々《ますます》壮《さか》んなるべし

馬援《ばえん》（「井の中の蛙《かわず》」の項、31ページ参照）がまだ若くて、大志をいだいて農業に従事し、巨万の富を手中にしていたころのことである。馬援《ばえん》の庇護《ひご》をうけて生計をたてている家が数百軒もあり、また、多数の食客が彼のもとにあつまっていた。あるとき、その食客の一人といろいろな話をしているうちに、馬援《ばえん》は言った。

「大丈夫《だいじょうふ》（立派な男子）たるものが志《こころざし》を立てたならば、窮地《きゅうち》におちた場合にも、

ますますその志を堅持すべきであり、老年になっても、ますますその志を盛んにすべきだ〈丈夫《じょうふ》、志《こころざし》を為《な》さば、窮《きゅう》してまさに益々堅《かた》かるべく、老いてまさに益々壮《さか》んなるべし〉」

この話は、『後漢書《ごかんじょ》』の「馬援伝《ばえん》」にある。〈老いてまさに益々壮《さか》んなるべし〉が略されて〈老いてますます盛ん〉となり、いまでは、志についての原義をはなれ、たんに年老いても元気な形容として、たとえば「あの人は相当な高齢だろうに、まだ第一線で活躍している。〝老いてますます盛ん〟だね」というように使われている。

26 屋上《おくじょう》に屋《おく》を架《か》す

東晋《とうしん》時代の文人・庾仲初《ゆうちゅうしょ》の「揚都賦《ようとふ》」――揚都《ようと》は東晋《とうしん》の都の建業《けんぎょう》、すなわち現在の南京。その揚都の盛況と風景をたたえた長詩――は、当時の知識人たちの人気の的《まと》であったが、これを読んだ謝太傅《しゃたいふ》（謝安《しゃあん》。東晋《とうしん》の権臣《けんしん》。太傅《たいふ》は官名）は、「たいした作品ではない。屋根の下に屋根をつくっただけのものだ〈屋下《おくか》に屋《おく》を架《か》すのみ〉。すべて誰かの借り物で、こせついてばかりいる」

と評したという。

この話は、『世説新語《せせつしんご》』の「文学篇《ぶんがくへん》」にある。なお、〈屋下《おくか》に屋《おく》を架《か》す〉という言葉は、『顔氏家訓《がんしかくん》』の序文にもみえる。すなわち、「魏《ぎ》・晉《しん》以来の学者たちの著《あらわ》したものは、理論も記事も重複していて、あたかも屋根の下に屋根をつくり（屋下《おくか》に屋《おく》を架《か》し）、床の上にまた床を張ったようなものだ。ただそれだけの価値のものでしかない」

とあるのが、それである。

つまり、中国の古典には、みな〈屋下《おくか》に屋《おく》を架《か》す〉と記されているが、日本では、もっぱら〈屋上《おくじょう》に屋《おく》を架《か》す〉として、無益なことを重ねてする意味に使われている。「屋下」が、いつごろから、また、どうして「屋上」に変わったのかは、筆者には全《まった》く不明である。

27　骸骨《がいこつ》を乞《こ》う

「鴻門《こうもん》の会」（項羽《こうう》と劉邦《りゅうほう》による会談）のとき、項羽《こうう》の軍師の范増《はんぞう》はどうしても劉《りゅう》邦《ほう》を殺してしまえと主張したが、項羽《こうう》がそこまで決断しかねているうちに劉邦《りゅうほう》に脱出されてしまった。范増《はんぞう》は「ああ、豎子《じゅし》（小僧っ子。項羽《こうう》をさす）ともに謀《はか》るに足《た》らず、項《こう》王の天下を奪わんものは必ず沛公《はい》（劉邦《りゅうほう》）なり、わが属《ともがら》いまこれが虜《とりこ》とならん」と嘆《なげ》いたが、あとの祭りであった。

その後、天下は、はたして項羽《こうう》と劉邦《りゅうほう》の争うところとなったが、項羽《こうう》にとって劉《りゅう》邦《ほう》の息の根をとめる好機がふたたびおとずれた。それは、劉邦《りゅうほう》が漢《かん》王となって三年、彭城《ほうじょう》で敗れて滎陽《けいよう》にたてこもったときである。諸侯はみな項羽《こうう》に味方し、劉邦《りゅうほう》は食糧にも苦しんで和睦《わぼく》を乞《こ》うた。しかし、このときは、項羽《こうう》は范増《はんぞう》の言をきいて和睦をゆるさず、ますます攻めたてた。劉邦《りゅうほう》は風前の燈火《ともしび》ともいうべき状態に追いこまれたが、一策を案じて項羽《こうう》と范増《はんぞう》との仲をさいた。すなわち、項羽《こうう》の使者がおとずれたとき、まず第一級の料理をそのまえにならべ、使者をみて驚いたふりをして、

「范増《はんぞう》からの使者だと思ったのに、なんだ、項羽《こうう》からの使者か」と言って、粗末な料理にかえたのである。使者が帰ってこのことを報告すると、項羽《こうう》はまんまと計略にかかって、范増《はんぞう》が劉邦《りゅうほう》と私通しているのではないかと疑い、范増《はんぞう》の権限をおおはばに削ってしまった。范増《はんぞう》は大いに怒って言った。

「天下の形勢はすでに定まりました。あとは君王みずから収拾なさってください。わたくしは骸骨《がいこつ》を賜《たま》わって庶民にくだりたいと存じます〈願わくは骸骨《がいこつ》を賜《たま》いて卒伍《そつご》に帰らん〉」

項羽《こうう》はこれを聴許《ちょうきょ》した。しかし、范増《はんぞう》は滎陽《けいよう》を去ってまだ彭城《ほうじょう》に行きつかないうちに、悪性の腫物《はれもの》が背中にできて死んだ。劉邦《りゅうほう》は、彼の部将・紀信《きしん》の計略によって滎陽《けいよう》を脱し、ついには逆に項羽《こうう》を亡ぼしたのである。

この話は、『史記』の「項羽本紀《こううほんぎ》」にある。〈骸骨《がいこつ》を賜《たま》う〉は、辞職することである。骸骨《がいこつ》とはからだと骨であり、仕えているあいだは自分のからだは主君にあずけているという考え方で、そのからだを主君から賜わるということで、官を離れる意になるわけである。『漢書《かんじょ》』の「趙充国伝《ちょうじゅうこく》」その他には、おなじ意味のことを〈骸骨《がいこつ》を乞《こ》う〉とあり、この方が一般に使われるようになった。いまでは、おそらく老人の専用語であろう。

28 解語《かいご》の花《はな》

唐《とう》の玄宗《げんそう》皇帝と楊貴妃《ようきひ》の生涯は、はなやかな恋愛に彩られて終わり、それをめぐって多くの物語や詩がつくられた。そして、その物語や詩には、いたるところに美しい言葉がちりばめられているが、『開元天宝遺事《かいげんてんぽういじ》』に記されている「解語《かいご》の花」もその一つである。

——ときは春、長安《ちょうあん》の宮庭の太液池《たいえきち》の水面をそよ風がわたり、緑にかがやく葉と葉の間には、紅や白の蓮《はす》の花が何千となく咲いている。そのようなある日、玄宗《げんそう》と楊《よう》貴妃《きひ》は侍女《じじょ》たちにかしずかれて池の岸辺に立った。しばらく蓮《はす》の花の美しさを観賞していた玄宗《げんそう》は、やがて楊貴妃《ようきひ》を指さしながら、左右の侍女たちにむかって、「なるほど蓮《はす》の花はみごとだ。だが、とても、この〝解語《かいご》の花〟の美しさには及ばぬわい〈なんぞ、この解語《かいご》の花に如《し》かん〉」

と、にこやかに言った。

〈解語《かいご》の花〉はこの話からでて、言葉の通じる花、もの言う花という意味で、一般に美人の称《しょう》として使われるようになった。俗に、美人のことを「人の花」といい、「わたしは、花の花より人の花の方が好きだ」などというが、〈解語《かいご》の花〉という表現は、それよりも数段まさっている。

29 偕老同穴《かいろうどうけつ》

『詩経』の「邶風《はいふう》・撃鼓《げきこ》」は、出征した兵士が、いつ故郷に帰れるかもわからず、戦場をさまよいながら、故郷に残してきた愛人を思って歌った詩であるが、その一部はつぎの通りである。

死生契闊《けいかつ》
子《し》とともに説《ちかい》をなす
子《し》の手を執《と》りて
子《し》と偕《とも》に老いん

——生きるも死ぬも苦労をともにしようと、おまえと誓いあった。おまえの手をとって、ともしらがまでと誓いあった——

また、おなじ『詩経』の「王風《おうふう》・大車《たいしゃ》」は、春秋時代の初期に、息《そく》国の王妃《おうひ》が死にのぞんで作った詩である。

穀《い》きては室を異にするも
死しては穴を同じくせん

これがその一部であるが、この詩にはつぎのような話がある。――楚《そ》が息《そく》を亡《ほろ》ぼしたとき、息《そく》の君主をとりこにし、その妃《ひ》を楚《そ》の後宮に入れようとした。すると、息《そく》の妃《ひ》は、とりこになっている夫に会い、死後の愛情を誓って自殺した。夫もあとを追って自殺したという。

〈偕老同穴《かいろうどうけつ》〉は、「撃鼓《げきこ》」の〈偕老《かいろう》〉と「大車《たいしゃ》」の〈同穴《どうけつ》〉があわさってできた言葉で、ともに老い、死んでは墓穴《ぼけつ》を同じくする夫婦の契《ちぎ》りの意である。

30 臥薪嘗胆《がしんしょうたん》

むかし、周《しゅう》の敬《けい》王の時代、呉《ご》王闔閭《こうりょ》は檇李《すいり》（浙江《せっこう》省）の戦いで越《えつ》王勾践《こうせん》に敗れた。そのとき矢きずをうけた闔閭《こうりょ》は敗走する途中で死んだが、臨終にあたって、太子の夫差《ふさ》に、必ず越《えつ》に復讐するように言いのこした。あらたに呉《ご》王になった夫差《ふさ》は、父の最期の言葉をふかく心にきざみ、朝な夕な薪《たきぎ》の上に臥《ふ》して〈臥薪《がしん》〉、復讐への心意を燃《もや》した。そして、昼は昼で軍事訓練にうちこみ、ひそかに時節の到来を待った。これを知った勾践《こうせん》は、賢臣《けんしん》の范蠡《はんれい》がとめるのをきかずに、先手をうつつもりで呉《ご》を攻めた。しかし、結果は大敗におわり、会稽《かいけい》山に逃げかえって降服した。夫差《ふさ》の復讐への執念の激しさに打ちひしがれたのである。ところが、勝利をおさめた瞬間、夫差《ふさ》の心にふとしたすきが生じた。そのすきのために、夫差《ふさ》は勾践《こうせん》を殺さず、国をすてて呉《ご》の臣下《しんか》になるという条件で、その降服をゆるしてしまった。こんどは、あぶない生命を助かった勾践《こうせん》が、あらゆる苦難にたえて復讐の心を研《と》いだ。彼は、自分のかたわらに胆《きも》を用意しておいて、なにかにつけてはそれを嘗《な》め〈嘗胆《しょうたん》〉、その苦い味によって降服の恥辱《ちじょく》を思いかえし、再起の努力をかさねた。それから十六年、勾践《こうせん》はついに夫差《ふさ》を敗死させたのである。

〈臥薪嘗胆《がしんしょうたん》〉という言葉は、この話からでた。復讐への執念をいだき、そのことを思って辛苦《しんく》し、常にみずから励ますという意味である。一説によると、呉越《ごえつ》の争いに関するまともな史料には、〈嘗胆《しょうたん》〉はあるが〈臥薪《がしん》〉はなく、〈臥薪嘗胆《がしんしょうたん》〉を成語として使用したのは宋《そう》の蘇軾《そしょく》であり、蘇軾《そしょく》は勾践《こうせん》とは無関係にこの言葉を使っているという。しかし、『十八史略《じゅうはっしりゃく》』には、「夫差《ふさ》、讐《あだ》を復《ふく》せんと志《こころざ》し、朝夕薪中《しんちゅう》に臥《が》す」とあるので、それによってこの話を書いた。

31 苛政《かせい》は虎《とら》よりも猛《たけ》し

『礼記《らいき》』の「檀弓篇《だんぐう》」に、次のような話が記されている。

孔子《こうし》が弟子たちとともに泰山《たいざん》のふもとを通りかかったときのことである。ふと婦人の泣き声が聞えた。孔子《こうし》が怪《あや》しんで車をそちらに回してみると、一人の婦人が三つの墓の前で泣いていた。墓の一つはまだ新しく、泣き声にはなまなましい哀愁《あいしゅう》がただよっていた。弟子の子路《しろ》に理由《わけ》をたずねさせると、この婦人は、舅《しゅうと》も夫も、そしてごく最近には息子までも、虎に喰《く》われてしまったのだという。そこで、虎が出没するこんな恐ろしい土地を、なぜ立ちのかないのかとたずねると、

「ここでは、むごたらしく租税《そぜい》をとりたてられることがありませんので」

という回答であった。これを聞くと、孔子《こうし》は弟子たちに諭《さと》した。

「ああ〈苛政《かせい》（苛酷《かこく》な政治）は虎よりも猛《たけ》し〉これは必ず銘記《めいき》して（心に刻んで）おくように」

32 河清《かせい》を俟《ま》つ

春秋時代のことである。強大な晋《しん》と楚《そ》の二国のあいだにはさまれた弱小国の鄭《てい》は、つねに二国の圧迫に苦しんだが、どちらかというと晋《しん》に臣従《しんじゅう》する形で国を保ってい

た。ところが、その鄭《てい》に大問題がおこった。というのは、鄭《てい》の一部の重臣たちが、やはり弱小国である蔡《さい》を侵略したのである。蔡《さい》は楚《そ》の属国であったので、楚《そ》はただちに鄭《てい》へ討伐《とうばつ》軍をおくった。こうした事態に直面して、鄭《てい》の重臣たちの意見は、楚《そ》に降服すべしとするものと、晋《しん》の来援を待つべしとするものとの二つに分れた。

楚《そ》に降服すべしとする意見を代表して、重臣の一人の子駟《しし》が言った。

「周《しゅう》の詩（「逸《いつ》詩」。つまり、『詩経』の詩と同時代によまれた詩で、『詩経』にもれているもの）に、『河の清《す》むを俟《ま》たば、人寿幾何《じんじゅいくばく》ぞ（黄河《こうが》の濁《にご》った流れは、なかなか澄《す》まない。あえて澄むのを待とうとすると、人間の短い寿命ではとても足りない）』とあります。いまは危急《ききゅう》の場合で、とても晋《しん》軍の来援を悠長《ゆうちょう》に待っているわけにはいきません。とにかく、楚《そ》に降服して人民の苦しみを除きましょう。晋《しん》軍がまいりましたら、また晋《しん》に降《くだ》ればいいではありませんか」

これに対して、おなじく重臣の一人の子展《してん》が、いままでの晋《しん》との信義を守れという論点から晋《しん》軍を待つことを主張した。しかし、子駟《しし》が全責任を一身に負うからといって断乎《だんこ》として譲らなかったので、ついに楚《そ》に降服することに決したのである。

この話は、『春秋左氏《さし》伝』の襄《じょう》公八年の条にある。〈河清《かせい》を俟《ま》つ〉は、いつからか〈百年河清《かせい》を俟《ま》つ〉といわれるようになり、たとえば、「そんなことをしていたのでは、

〝百年河清《かせい》を俟《ま》つ〟ようなもので、いつまでたっても埒《らち》があかないよ」のように使われる。つまりあてにならないことをいつまでも待つという意味である。

33 渇《かつ》しても盗泉《とうせん》の水《みず》を飲《の》まず

渇しても盗泉の水を飲まず
熱するも悪木《あくぼく》の陰《かげ》に息《いこ》わず
悪木あに枝なからんや
志士《しし》は苦心多し

〈咽喉《のど》が渇《かわ》いても、〝盗泉《とうせん》〟という名の泉の水は飲まない。暑くても、〝悪木《あくぼく》〟という名の木のこかげには休息しない。悪木と名づけられていても、木であるからには、もとより枝はあるが、道に志《こころざ》す者は、ちょっとでも悪にそまらぬよう心をつかうのだ〉

これは、魏晉《ぎしん》南北朝時代の晉《しん》の陸士衡《りくしこう》の『猛虎行《もうここう》』と題する詩のはじめの部分である。立派な人として生きるために、うしろぐらいことは少しもしない、という意味である。

「盗泉《とうせん》」は、山東省泗水《しすい》県にある泉の名である。かつて、孔子《こうし》がそのかたわらを通りかかったとき、咽喉《のど》は渇《かわ》いていたが、その名が賤《いや》しいので、高潔な心を汚さぬようにと思って飲まなかったという。もちろん、伝説であろうが、「盗泉」はこの伝説によって有名になった。

34 鼎《かなえ》の軽重《けいちょう》を問《と》う

鼎《かなえ》は、二つの耳と三本の足をもつ金属性の鍋である。三本足というのが珍しいので、これにちなんで鼎《かなえ》を使ったいろいろな熟語ができたが、いまの国語としては「鼎立《ていりつ》」とか「鼎談《ていだん》」がいちばんよく使われているようだ。「鼎立《ていりつ》」とは三者がたがいに対立する意であり、「鼎談《ていだん》」とは三人で話しあう意である。

ところで、〈鼎《かなえ》の軽重《けいちょう》を問《と》う〉の鼎《かなえ》は、特定の鼎《かなえ》である。すなわち、夏《か》王朝の始祖である禹《う》王が、九州つまり中国全土から銅を献上させて鋳造《ちゅうぞう》した九つの鼎《かなえ》をさす。それは伝国の重器として帝位を象徴することになり、夏《か》から殷《いん》、殷《いん》から周《しゅう》に伝えられた。そして、春秋時代、周《しゅう》の定王《てい》のときに、つぎのような話がもちあがったのである。

楚《そ》の荘《そう》王は、北上して陸渾《りくこん》（黄河《こうが》の支流・洛水《らくすい》の西南）の異民族を討伐《とうばつ》してから、洛水《らくすい》のほとりにでて周《しゅう》の国境で観兵式をおこなった。それは多分に周《しゅう》に対する示威《じい》（威力や気勢を示すこと）の意をふくんでいた。周《しゅう》の定《てい》王は、うるさい問題がおこっては大変だと思って、大夫《たいふ》（官位名）の王孫満《おうそんまん》を派遣して荘《そう》王を慰労させた。すると、荘《そう》王は周《しゅう》室に伝わる鼎《かなえ》の大小軽重を王孫満《おうそんまん》にたずねた。鼎《かなえ》は帝位の象徴であり、その大小軽重は問うべきではない。それを問うたのは、荘《そう》王に天下を奪おうとする野望があったからである。王孫満《おうそんまん》はそれと察して答えた。

「問題は徳の有無でありまして、鼎《かなえ》の大小軽重ではありません。周《しゅう》王朝の徳は、なるほど衰えてはおりますが、天命はまだ改まってはおりません。したがいまして、まだ鼎《かなえ》の軽重を問うべきではありません」

こう言われたのでは、さすがの荘《そう》王も周《しゅう》を攻めることはできず、兵をまとめて南に帰ったのである。

この話は、『史記』の「楚世家《そせいか》」にある。〈鼎《かなえ》の軽重《けいちょう》を問《と》う〉は、要するに、天下を奪おうとする野心があることであるが、転じて、権力者をあなどって、その実力をためす意に使われる。いまでほ、地位や名声に実力がともなっていないことを追及される意味で、〈鼎《かなえ》の軽重《けいちょう》を問《と》われる〉と受身に使われることが多いようだ。

35　画餅《がべい》

魏《ぎ》の文《ぶん》帝（「豆《まめ》を煮《に》るに萁《まめがら》を燃《た》く」の項、244ページ参照）は、いわゆる手腕家とか有名人とかが大嫌いであった。その文《ぶん》帝が、あるとき、組閣にあたって、閣僚の人選を吏部尚書《りぶしょうしょ》（文官の身分関係一切を掌《にぎ》る官庁の長官）の盧毓《ろいく》に命じたが、一つだけ条件をつけた。

「有名人を入れてはいけない。彼等は地面に餅《もち》を画《か》いたようなもので、とても食えたものではないから」

この話は、『魏志《ぎし》』の「盧毓《ろいく》伝」にある。〈画餅《がべい》〉は画《が》にかいた餅《もち》。それは食べることができないところから、実用にならない喩《たと》えに使う。また、〈画餅《がべい》に帰す〉というと、徒労《とろう》におわるという意味である。

36 画竜点睛《がりょうてんせい》

南北朝のころ、梁《りょう》の国に張僧繇《ちょうそうよう》という人がいた。役人としても有能な人物だったが、すばらしい画才の持ち主だった。あるとき、金陵《きんりょう》（のちの南京）の安楽寺からたのまれて、一室の壁に四匹の竜を画くことになった。彼は一心に筆をふるい、やがて、ほとんど完成したが、四竜とも生命の躍動するみごとなできばえだった。ところで、彼は竜の眼に睛《ひとみ》をいれずに筆をおいた。人々が不思議に思ってその理由をたずねると、

「睛《ひとみ》をいれると、あの竜は天上に飛びさってしまうのです」

という答えだった。人々は、〝そんな馬鹿なことがあるものか、でたらめにもほどがある〟と、まったく信用しなかった。そして、〝張僧繇《ちょうそうよう》はくわせものだ〟というような悪口がひろまった。そこで、張僧繇《ちょうそうよう》は一匹の竜に睛《ひとみ》をいれた。すると、たちまち、すさまじい雷電《らいでん》がおこって壁を破り、その竜は雲に乗って天に昇っていった。睛《ひとみ》をいれない竜はそのまま残ったという。

この話は、『水衡記《すいこうき》』にあるが、〈画竜点睛《がりょうてんせい》〉は、この話からでた。最後の仕上げ

を加えることによって、物事がすばらしくできあがるという意味であるが、言葉としては〈画竜点睛《がりょうてんせい》を欠く〉として、逆の意味に使われることが多いようだ。

37 雁書《がんしょ》

漢《かん》の武《ぶ》帝の天漢《てんかん》元年、蘇武《そぶ》は捕虜《ほりょ》交換の使者として匈奴《きょうど》の地におもむいた。たまたま匈奴《きょうど》は内紛の最中であり、その内紛にまきこまれて、彼はそのまま匈奴《きょうど》の地にとめおかれた。それからというもの、蘇武《そぶ》は降服か死かと脅かされながら、あらゆる悪条件に耐えて漢《かん》の使節としての節操を枉《ま》げずに生きぬいた。その間に、漢《かん》では武《ぶ》帝が死んで昭《しょう》帝が即位した。その昭《しょう》帝の始元《しげん》六年、漢《かん》の使者が匈奴《きょうど》に至《いた》り、蘇武《そぶ》を還《かえ》してほしいと申し入れた。匈奴《きょうど》はいつわって蘇武《そぶ》はすでに死んだと答えた。すると、さきに蘇武《そぶ》とともに匈奴《きょうど》に至り、その地にとどまっていた常恵《じょうけい》という男が、漢《かん》の使者に知恵をつけた。使者はそのとおりに単于《ぜんう》（匈奴《きょうど》の王）に交渉した。

「漢《かん》の天子が、さる日、上林苑《じょうりんえん》で狩りをいたしておりましたところ、一羽の雁《がん》を射おとしました。その雁の足には帛《きぬ》が結んであり、それには蘇武《そぶ》らがある沢のほとりで生きていると書いてありました。どうか、おかくしにならずに彼をよびかえしてください」

単于《ぜんう》は、左右のものと顔を見あわせていたが、ついに蘇武《そぶ》が生きていることを認め、その返還を承諾した。こうして、蘇武《そぶ》は十九年ぶりに帰国することができたが、出発のときにはまだ壮年であった彼は、すでに白髪の翁《おきな》と化していたという。

この話は『漢書《かんじょ》』の「蘇武伝《そぶでん》」にある。〈雁書《がんしょ》〉はこの話からでた。手紙という意味である。また、〈雁帛《がんぱく》〉〈雁札《がんさつ》〉〈雁信《がんしん》〉などともいい、〈雁の玉章《かりのたまずさ》〉〈雁の便り《かりのたより》〉〈雁《かり》の使い〉などともいう。

38 邯鄲《かんたん》の夢《ゆめ》

〈邯鄲《かんたん》の夢〉とは、人生の栄枯盛衰《えいこせいすい》のはかないことの表現であるが、「一炊《いっすい》の夢」「黄《こう》粱《りょう》の夢」「黄粱一炊《こうりょういっすい》の夢」「盧生《ろせい》の夢」ともいい、また「邯鄲《かんたん》の枕」「邯鄲《かんたん》夢の枕」ともいう。すべて、唐《とう》の小説『枕中記《ちんちゅうき》』からでた言葉である。

『枕中記』のストーリーは、次のとおりである。

唐《とう》の玄宗《げんそう》の開元《かいげん》年間のことである。邯鄲《かんたん》の旅館に呂翁《りょおう》という道士が休息していると、一人の青年がやってきた。彼の名は盧生《ろせい》といい、みすぼらしい姿をしていて、いくら働いても楽にならない苦境をしきりに呂翁《りょおう》にうったえた。

そのうち、盧生《ろせい》は呂翁《りょおう》から陶器の枕をかりて眠りこんだ。その枕は両端に穴があいていたが、盧生《ろせい》は夢のなかでその穴から枕の中にはいりこんだ。すると立派な家があり、彼はそこで名家の美しい娘と結婚した。そして、進士の試験（高等文官試験）に及第して役人になり、やがて京兆尹《けいちょういん》（都の長官）、御史大夫《ぎょしたいふ》（検事総長）から、ついには宰相《さいしょう》にまで出世した。ところが、そうした栄達の頂上で無実の罪に問われ、逆《ぎゃく》賊《ぞく》として捕えられた。数年してその冤罪《えんざい》は晴れて、ふたたび天子の恩寵《おんちょう》をこうむるようになり、子や孫も世に時めいて幸福な晩年をおくった。そして、天寿《てんじゅ》を完《まっと》うして安らかに死んだところで眠りから覚めた。

眼ざめてみると、盧生《ろせい》はもとの旅館で横になっていた。かたわらには呂翁《りょおう》がいる。眠るまえに旅館の主人が黄粱《あわ》を蒸していたが、その黄粱《あわ》もまだ蒸しあがっていない。

「人生というものは、おまえがみた夢のようなものさ」

呂翁《りょおう》が笑いながら言った。盧生《ろせい》はしばらく茫然《ぼうぜん》としていたが、やがて、

「栄辱《えいじょく》も、貧富も、死生も、すべて経験させていただき、人間の欲望のはかなさがよくわかりました。ありがとうございました」

と、呂翁《りょおう》に感謝の言葉をのこして、たち去っていった。

39　間《かん》、髪《はつ》を容《い》れず

漢《かん》の景《けい》帝のときに、有名な「呉楚七国《ごそしちこく》の乱」がおこったが、その主謀者は呉《ご》王濞《ひ》である。濞《ひ》が漢《かん》室に対して謀反《むほん》をたくらんでいるとき、その郎中（官名）の枚乗《ばいじょう》は、謀反《むほん》の不可を諫《いさ》めて長文の書をたてまつった。これが『文選《もんぜん》』におさめられている「呉《ご》王を諫《いさ》むるの書」である。濞《ひ》は枚乗《ばいじょう》の諫言《かんげん》をききいれずに謀反《むほん》を強行し、敗れてついに丹徒《たんと》（地名）で死んだ。

〈間《かん》、髪《はつ》を容《い》れず〉は、この「呉《ご》王を諫《いさ》むるの書」に使用された言葉で、「墜《お》ちて深淵《しんえん》に入れば、以《もっ》て復《ま》た出《い》でがたし、その出《い》ずると出《い》でざるとは、間、髪を容れず」がそれである。すなわち、謀反《むほん》をすれば二度と脱出できない深淵《しんえん》におちるが、謀反《むほん》の計画をとりやめて幸福をつかむのは、今日という日をおいてはないと説《と》いたのであって、〈間《かん》、髪《はつ》を容《い》れず〉は、ひとすじの毛髪をいれるほどのすきまもないことで、事のはなはだ急なたとえである。これと同意の言葉に〈間《かん》、息《そく》を容《い》れず〉があるが、この方はいまは使われないようだ。

40 完璧《かんぺき》

戦国時代、趙《ちょう》の恵文王《けいぶん》は「和氏《かし》の璧《へき》」とよばれるすばらしい宝玉をもっていた。その宝玉の噂をきくと、秦《しん》の昭襄《しょうじょう》王はどうしてもほしくなり、十五の城市と交換したいと申しこんできた。これは趙《ちょう》にとっては難題であった。力関係からいえば秦《しん》の方が強いので、交換をことわれば何をされるかわからず、承諾《しょうだく》しても、璧《へき》だけ取りあげられて城市をもらえないかもしれない。恵文《けいぶん》王が困っていると、寵臣《ちょうしん》の繆賢《ぼくけん》が進言した。――自分の食客《しょっかく》に藺相如《りんしょうじょ》という男がいるが、智勇兼備の士で、この男なら秦《しん》に使いして難局をさばくだろう、と。そこで、恵文《けいぶん》王は藺相如《りんしょうじょ》を秦《しん》に派遣した。

秦《しん》の昭襄《しょうじょう》王は、璧《へき》を手にして大いに喜んだが、果して十五の城市については一言もふれない。すると、藺相如《りんしょうじょ》がすすみでて言った。

「その璧《へき》には、一個処《いっかしょ》かすかな瑕《きず》がございます。お教えいたしましょう」

昭襄《しょうじょう》王がなんの気なしに璧《へき》をわたすと、藺相如《りんしょうじょ》はさっと後の柱まで退《さ》がり、激怒して言った。

「趙《ちょう》王がわたくしに璧《へき》を持参させましたのは、貴国に敬意を表するが故《ゆえ》です。しかるに、大王には城市と交換なさる実が見うけられません。この璧《へき》はわたくしの手もとにおさめます。無理に取りあげようとなさるなら、わたくしの頭もろとも璧《へき》もこの柱にぶつけて砕きますぞ」

璧《へき》を砕かれてはと、昭襄王《しょうじょう》はあらためて城市との交換を確約した。だが、藺相《りんしょう》如《じょ》は、それも見せかけにすぎないことを見ぬき、璧《へき》を従者に托《たく》して一足さきに帰らせた。こうして、璧《へき》は無事に趙《ちょう》にかえり、趙《ちょう》の体面もたもたれたのである。

この話は、『史記』の「廉頗《れんぱ》・藺相如《りんしょうじょ》列伝」にある。〈完璧《かんぺき》〉は、この話からでて、璧《へき》を完《まっと》うするというのが元来の意味であるが、転じて、物事の非のうちどころのない状態をいうようになった。

41 管鮑《かんぽう》の交《まじわ》り

手を翻《ひるがえ》せば雲となり手を覆《くつがえ》せば雨
紛々《ふんぷん》たる軽薄なんぞ数うるを須《もち》いん
君見ずや管鮑《かんぽう》貧時の交《まじわ》り
この道今人棄《す》てて土のごとし

これは、杜甫《とほ》の『貧交行《ひんこうこう》』と題する詩である。その意味は、――親交を結んだはずの友人でも、ふとしたことで、たちまちのうちに変わってしまう軽薄さ。現代では、管《かん》、鮑《ほう》が貧乏なときから生涯を通じて信頼しあったような、真の友情は求むべくもない――ということである。管鮑《かんぽう》とは、管仲《かんちゅう》と鮑叔牙《ほうしゅくが》。ともに春秋時代の斉《せい》の人で、幼少のころから大の仲よしであった。

春秋時代のはじめ、斉《せい》で内紛があり、公子の糾《きゅう》が魯《ろ》に亡命し、その弟の公子小白《しょうはく》は莒《きょ》に亡命した。管仲《かんちゅう》は糾《きゅう》に、鮑叔牙《ほうしゅくが》は小白《しょうはく》につかえていた。やがて内紛がおさまると、糾《きゅう》と小白《しょうはく》とが斉《せい》の国君《こっくん》の地位を争うことになり、管仲《かんちゅう》と鮑叔牙《ほうしゅくが》も敵対関係にたった。管仲《かんちゅう》は小白《しょうはく》を暗殺しようとしたが果さず、小白《しょうはく》が国君となって糾《きゅう》は死んだ。小白《しょうはく》は、すなわち春秋五覇のひとりとして有名な斉《せい》の桓《かん》公である。

主君を失って窮地《きゅうち》にたった管仲《かんちゅう》は鮑叔牙《ほうしゅくが》に救われた。鮑叔牙《ほうしゅくが》はかつての友情を忘れず、また、管仲《かんちゅう》の能力を正当に評価して、

「殿《との》が斉《せい》一国の君主として満足なさるなら、わたくしどもでも十分でしょう。もし、天下に威《い》をふるおうとなさるなら、どうしても管仲《かんちゅう》の才能が必要です」

と、桓《かん》公に推薦したのである。桓《かん》公は信頼する鮑叔牙《ほうしゅくが》の言をきいれて、かつて

の仇敵《きゅうてき》である管仲《かんちゅう》を大夫《たいふ》に登用した。こうして才腕をふるう場を得た管仲《かんちゅう》は、ついに桓《かん》公を天下の覇者に仕立てあげたのであるが、後年、鮑叔牙《ほうしゅくが》の自分に対する友情に感謝して、「わたしを生んでくれたのは父母であるが、本当にわたしを知ってくれたのは鮑《ほう》君だ」と述懐《じゅっかい》している。

すべての友人関係が管仲《かんちゅう》と鮑叔牙《ほうしゅくが》のようであることは望めまい。それだけに〈管鮑《かんぽう》の交《まじわ》り〉は、いつまでも人生の中で美しい光をはなっているのである。

42 奇貨《きか》居《お》くべし

戦国時代末期のことである。秦《しん》の太子安国君《あんこくくん》の息子の子楚《しそ》は、趙《ちょう》の都の邯鄲《かんたん》に人質としておくられていた。一国の太子の子とはいえ妾《めかけ》の子であり、二十五人も兄弟があったので、あまり大切にされずに人質にだされたのである。秦《しん》は子楚《しそ》を人質としてだしておきながら、平気で趙《ちょう》を攻略する。これでは、趙《ちょう》も子楚《しそ》を大切にあつかう筈《はず》がない。したがって、子楚《しそ》は邯鄲《かんたん》でおはうちからしてくらしていた。そのころ、陽翟《ようてき》（戦国七雄の一国・韓《かん》の都）の商人で呂不韋《りょふい》という男が、商用でよく邯鄲《かんたん》をおとずれた。彼は町で子楚《しそ》を見かけると、〝奇貨居《きかお》くべし〟として接近し、大金を投じて子楚《しそ》に貴公子の生活をさせるとともに、秦《しん》まででかけて子楚《しそ》を安国君《あんこくくん》の太子にしてしまった。しかも、妊娠している自分の妾《めかけ》を子楚《しそ》にあたえて、その夫人とした。

やがて、子楚《しそ》は秦《しん》に帰って荘襄《そうじょう》王となり、その死後にかの夫人の子が始皇帝《しこうてい》となった。そして、呂不韋《りょふい》自身は文信侯《ぶんしんこう》に封《ほう》ぜられ、若き日の始皇帝の宰相《さいしょう》として令名《れいめい》をはせたのである。

この話は、『史記』の「呂不韋《りょふい》列伝」にある。〈奇貨《きか》居《お》くべし〉の奇貨は、めずらしい品物のこと、つまり、〈奇貨居くべし〉とは、めずらしい品物をみつけて、それを大切にしまっておき、機会をつかんで巨利を得る意味である。いいかえれば、掘りだし物をみつけて先物買いをすることである。

「この本が出版されたとき、ぴんとくるものがあった。著者は博識《はくしき》で有名だがめったに著作しない人だし、限定出版だったから、〝奇貨居くべし〟と思ったのさ。はたして、いまでは大へんな貴重本で、どえらい値段になったよ」という具合に用いられている。

43　騎虎《きこ》の勢《いきおい》

楊堅《ようけん》（のちの隋《ずい》の高祖《こうそ》、文《ぶん》帝）は、はじめ北周《ほくしゅう》につかえていた。幼少のころから聡明で、成長するにつれて、その才能はますます輝きを増した。あまりの聡明さは、彼を知る人々のあいだで評判になり、ある人が北周《ほくしゅう》の武《ぶ》帝に彼を注意人物として告げた。これを知った楊堅《ようけん》は、それ以来、才能をくらまして自重《じちょう》し、長女の麗華《れいか》を武《ぶ》帝の太子に献じて、北周《ほくしゅう》の王室にたいして忠誠をしめした。武《ぶ》帝が死んで、麗華《れいか》の夫の宣《せん》帝が即位すると、楊堅《ようけん》は外戚《がいせき》として朝廷内に地歩をかためた。宣《せん》帝は夭折《ようせつ》して麗華《れいか》の子の静《せい》帝が八歳で即位した。すると、楊堅《ようけん》は太后《たいこう》にかわって政治の実権をにぎった。そのころ、楊堅《ようけん》の妻がひそかに人をおくって楊堅《ようけん》に告げた。

「国を奪おうという大事は、すでに事実になってしまいました。こうなりましたからには、〝騎虎《きこ》の勢《いきおい》くだるを得ず〟です。どうか、しっかりおやりください」

かくて、楊堅《ようけん》は静《せい》帝を帝位からひきずりおろし、みずから帝位について、国号を隋《ずい》と称したのである。

この話は、『隋書《ずいしょ》』の「独孤皇后伝《どくここうごう》」にある。〈騎虎《きこ》の勢《いきおい》〉とは、虎にのって走りだすと、大へんなスピードなので降りるに降りられないことで、物事をやりかけたら途中でやめられない意である。

楊堅《ようけん》の妻は、独孤《どくこ》氏の出身で、のちに献《けん》皇后となった人物であるが、独孤《どくこ》皇后と通称される。この話でも男まさりの女傑《じょけつ》ぶりがうかがわれるが、また、なみはずれた嫉《しっ》妬《と》心の持ち主でもあった。その嫉妬《しっと》心のために、楊堅《ようけん》はしばしば悩まされ、彼女の生きているあいだは一人の妃妾《ひしょう》もおくことができず、「われ貴《とうと》くして天子となり、しかも自由を得ず」と嘆いている。

44 疑心暗鬼《ぎしんあんき》を生《しょう》ず

『列子《れっし》』の「説符篇《せっぷ》」に、〈諺《ことわざ》に曰《いわ》く、疑心暗鬼《ぎしんあんき》を生ず〉とあり、つづいて幾《いく》つかのおはなしが記されているが、その一つを紹介しよう。

ある人が、いつのまにか鈇《おの》をなくした。誰が盗んだのかと考えているうちに、隣りの子があやしいと思いだした。すると、その子の歩きかたも顔色も言葉つきも、つまり動作態度すべてが、どうも鈇《おの》を盗んだもののようにみえた。ところが、あるとき谷を掘っていると、突然その鈇《おの》がでてきた。その後、ふたたび隣りの子を観察してみると、その動作態度には、鈇《おの》を盗んだものらしい点がすこしもなかった。

疑う心があると、つぎつぎに妄想《もうそう》がうかんでくる――これが〈疑心暗鬼《ぎしんあんき》を生ず〉である。先入主をもって物を判断するのも、この一種といえよう。

45　木《き》に縁《よ》りて魚《うお》を求《もと》む

孟子《もうし》が斉《せい》にいたときのことである。斉《せい》の宣《せん》王は有能な君主ではあったが、たいへんな野心家でもあった。彼は武力による天下統一をひそかにのぞんでいた。あるとき、孟子《もうし》は巧みな話術で宣《せん》王をいざなってその野心を話題にとりあげ、

「仁政《じんせい》を御心におかずに、武力によってのみ天下統一をなしとげようとなさるのは、〝木に縁《よ》って魚を求む（木によじのぼって魚を捕えようとする）〟ようなものです」

と主張した。そして、宣《せん》王が、自分のとっている手段は、目的とするところに対してそれほどに見当ちがいかといぶかると、次のように強調した。

「見当ちがいだけではありません。木に縁《よ》って魚を求めた場合には、魚がとれないというだけで他の害はありませんが、武力によってのみ天下統一をはかられますのは、目的が達せられないばかりではなく、御自身の破滅はもとより、御国を亡《ほろ》ばすことになりましょう」

この話は、『孟子《もうし》』の「梁恵《りょうけい》王篇」にある。〈木に縁《よ》りて魚を求む〉とは、目的と手段方法が合わないことの表現であり、今でもよく使われている。

46 驥《き》尾《び》に附《ふ》す

〈驥《き》尾《び》に附す〉には、二通りの意味がある。第一は、すぐれた人のあとに従ってみずからも進歩する意味で、第二は、ただ人の尻馬《しりうま》にのる意味である。第一の例としては、『史記』の「伯夷《はくい》列伝」に、「顔淵《がんえん》は篤学《とくがく》なりと雖《いえど》も、驥《き》尾《び》に附して行いますます顕《あらわ》る」とある。「驥《き》」は「騏《き》」とおなじく、一日に千里を走るという駿馬《しゅんめ》で、転じて才能のすぐれた人にたとえる。ここでの「驥《き》尾《び》」の「驥《き》」は孔子《こうし》をさしている。この意味では、「先生の〝驥《き》尾《び》に附して〟われわれも大いに学問に精進《しょうじん》する覚悟でありますす」というように使われる。

第二は、第一のよい意味がわるくかわったもので、他人に対する軽侮《けいぶ》の念をふくんでいる。『後漢書《ごかんじょ》』の「隗囂《かいごう》伝」に、「蒼蠅《そうよう》の飛ぶや数歩に過ぎず、驥《き》尾《び》に託《たく》して以《もっ》て群を絶つを得」（蒼蠅《あおばえ》が自力で飛びうるのは数歩の距離にすぎないが、驥《き》尾《び》にしがみついていると、仲間から遠くへだたることができる）とあり、これは、元来わるい意味をふくんでいるわけではないが、蒼蠅《あおばえ》が小人にたとえられるところから、〈驥《き》尾《び》に附す〉が、ふとした機会にめぐまれて分不相応な僥倖《ぎょうこう》を得るとか、尻馬にのっていい気になるとかの意に用いられた。

なお、「驥」「騏」をつかった言葉としては、「驥足《きそく》を展《の》ぶ」とか「騏驎《きりん》の衰《おとろ》うるや、駑馬《どば》これに先だつ」（騏驎《きりん》も老いては駑馬《どば》に如《し》かず）などがあり、「彼をこのまま埋もれさせるのは惜しい。なんとか〝驥足《きそく》を展《の》ば〟させてやりたいものだ」とか、「〝騏驎《きりん》も老いては駑馬《どば》に如《し》かず〟だね。ずいぶん有能な人だったが、このごろはすっかりぼけてしまった」のように使われている。

47 杞憂《きゆう》

周《しゅう》の時代に杞《き》という国があり、その杞《き》国の人で天地が崩墜《ほうつい》して身のおきどころがなくなりはしないかと憂《うれ》えているものがあった。彼はその憂《うれ》いのために、夜もろくろく眠れず、食事ものどを通らなかった。すると、彼がそのように憂《うれ》えていることを心配する人があって、でかけていって彼をさとした。

「天は空気が積っているだけのものだ。空気がない処《ところ》はなく、身体の屈伸も天のなかでしているのだから、天が落ちてくる心配はないよ。また、地は土がかたまって四方に充塞《じゅうそく》したものだ。充塞しているからどこまでいっても土で、それが壊《くず》れてなくなるようなことはないさ」

　そこで、彼は憂《うれ》いが消えて大いに喜び、彼をさとした人もまた大いに喜んだという。この話は、『列子《れっし》』の「天瑞篇《てんずいへん》」にあるが、〈杞憂《きゆう》〉は、この話からでた。〈杞人《きじん》の憂《うれい》〉ともいい、無用の心配とか、取りこし苦労という意味である。

48　牛耳《ぎゅうじ》を執《と》る（牛耳《ぎゅうじ》る）

『左伝《さでん》』の定《てい》公八年の条に、

「晋《しん》の師、まさに衛侯《えいこう》に鄟沢《せんたく》に盟《ちか》わんとす。趙簡子《ちょうかんし》曰《いわ》く、群臣《ぐんしん》誰か敢《あえ》て衛君《えい》に盟《ちか》う者ぞ、と。渉佗《しょうた》・成何《せいか》曰《いわ》く、われよくこれに盟《ちか》わん、と。衛人《えい》牛耳を執らんと請《こ》う」

とある。——晋《しん》と衛《えい》が鄟沢《せんたく》というところで盟約を結ぶとき、晋《しん》の重臣の趙簡子《ちょうかんし》が衛《えい》の君主と盟《ちか》うものを募集すると、その部下の渉陀《しょうた》と成何《せいか》がその役を買ってでた。つまり、晋《しん》の側では衛《えい》を小国とあなどって軽くあつかったのである。すると衛《えい》では、晋《しん》から臣下が盟にでるのなら、君主みずから出席する衛《えい》の側で牛耳《ぎゅうじ》を執《と》り、盟主をつとめたいと主張した、ということである。

　古代中国では、諸侯が会合して誓いをするときに、牛をいけにえとして、その左耳をさいて血をすすりあった。そのとき、盟主が牛耳を執ってさきに血をすすったのである。

〈牛耳を執る〉は、このことからでた言葉で、盟主とか仲間の頭《かしら》をさすようになった。いまでは、この「牛耳」を動詞にして〈牛耳る〉といい、盟主または首領となることを意味する。また、人やものごとを思いのままにうごかす意味にも使う。

49 九仞《きゅうじん》の功《こう》を一簣《いっき》に虧《か》く

周《しゅう》の武《ぶ》王が殷《いん》の紂《ちゅう》王を討滅《とうめつ》して、あらたに周《しゅう》王朝をひらくと、四方から珍貴な宝物が献上された。武《ぶ》王には、それらの宝物に心ひかれて楽しむ様子が見えたので、弟の召《しょう》公が心配した。周《しゅう》は、やっと創業の第一歩を踏みだしたばかりなのに、大黒柱である武《ぶ》王の心がゆるんで、王朝のいしずえがゆらいでは一大事と思ったからである。そこで、召《しょう》公は武《ぶ》王に、事こまかに珍貴なものに心をうばわれることの不可を諌《いさ》めてから、つぎのようにのべた。

「王者たるものは、早朝から深夜まで徳に勤め励まねばなりません。ほんの些細《ささい》な行為でもつつしまなければ、ついには大徳を傷つけてしまいます。珍貴な宝物にふと心ひかれることは、問題にするに足りない小さなことではありますが、山をつくって九仞《きゅうじん》の高さにまで土を積みあげながら、最後のたった一簣《いっき》の土を怠《おこた》ったために山を完成することができませんように〈山をつくること九仞《きゅうじん》、功《こう》を一簣《いっき》に虧《か》く〉、王朝の創立にひびいらせてしまうかもわかりません」

武《ぶ》王は召《しょう》公の諫言《かんげん》をききいれて徳にはげみ、周《しゅう》王朝は隆盛の緒《しょ》についたのである。

この話は、『書経』の「旅獒《りょごう》大篇」にある。〈九仞《きゅうじん》の功《こう》を一簣《いっき》に虧《か》く〉とは、この「山をつくること九仞《きゅうじん》、功《こう》を一簣《いっき》に虧《か》く」からでた。仞《じん》は八尺、九仞《きゅうじん》は非常な高さの形容で、簣《き》は土を運ぶ竹の籠《かご》のこと。物事の完成の一歩てまえで失敗するとか、ふとした油断で大事をあやまるという意味である。

50　曲学阿世《きょくがくあせい》

轅固生《えんこせい》は斉《せい》の出身である。『詩経』に通じていたので、漢《かん》の景《けい》帝のときに召《め》されて博士になった。清廉剛直《せいれんごうちょく》な人柄で、正しいと信じたことはあくまでもつらぬいた。

あるとき、竇《とう》太后（景《けい》帝の母）が轅固生《えんこせい》を召《め》して、『老子《ろうし》』についてきいたことがあった。太后の老子《ろうし》好きはかくれもない事実で、轅固生《えんこせい》も当然知っていたであろうが、

「これは、召使《めしつかい》や奴隷《どれい》の言説のようなもので、取るに足りないものです」と、信ずるままに答えた。そのために太后の激怒を買い、窮地《きゅうち》におちた。その後しばらくして、景帝《けいてい》は彼の廉直《れんちょく》をみこんで清河《せいか》王のお守り役にとりたてたが、やがて病気のために免官された。

武帝《ぶてい》が即位すると、轅固生《えんこせい》は賢良《けんりょう》の士としてふたたび召された。ときに、彼はすでに九十歳をこえていた。このとき公孫弘《こうそんこう》も同様に召されたが、彼をはばかって目をそばだてて見た。すると、轅固生《えんこせい》は言った。

「公孫子《こうそんし》よ、正しい学問につとめて正言しなさい。学問を曲《ま》げて世に阿《おもね》ってはなりません〈正学《せいがく》に務めて以《もっ》て言え、学を曲げて世に阿《おもね》ることなかれ〉」

この後、斉《せい》で『詩経』を論ずるものは、みな轅固生《えんこせい》の説をもととしたという。

この話は、『史記』の「儒林《じゅりん》列伝」にある。〈曲学阿世《きょくがくあせい》〉は、この轅固生《えんこせい》の言葉からでた。かつて、吉田茂元首相がアメリカと講和条約を結んだとき、全面講和を主張する学者を〝曲学阿世《きょくがくあせい》〟ときめつけたのは、有名な話である。

キ

51　漁夫《ぎょふ》の利《り》

戦国時代も終わりに近いころ、趙《ちょう》が燕《えん》を攻めようと計画した。燕《えん》の昭《しょう》王はこれを心配して、趙《ちょう》にその計画を中止させることを蘇代《そだい》にたのんだ。蘇代《そだい》は、有名な縦横《しょうおう》家《か》の蘇秦《そしん》の弟で、兄ほどのさえはなかったが、とにかく弁舌《べんぜつ》の大家である。さっそく、でかけていって、趙《ちょう》の恵文王《けいぶんおう》になにげなく話しかけた。

「当地にまいりますのに、易水《えきすい》（川の名）を渡りました。ふと岸辺を眺めますと、蚌《どぶがい》（淡水に住む貝）が口をあけて日光浴をしておりました。そこへ鷸《しぎ》が飛んできて、いきなり蚌《どぶがい》の肉をつつきました。蚌《どぶがい》は怒って口をとじ、両方うごきがとれません。鷸《しぎ》は、

『このまま、今日も雨がふらず、明日も雨がふらなければ、おまえは死んでしまうぞ』

とおどかして、口をあけさせようとするのですが、蚌《どぶがい》も、

『わしがおまえの喙《くちばし》をはさんだまま、今日もはなさず明日もはなさなければ、おまえこそ死ぬさ』

とうそぶいて、両々ゆずりません。そのうちに漁師がやってきて、両方とも擒《とら》えてしまいました。ところで、仄聞《そくぶん》するところによりますと、王さまは燕《えん》をお伐《う》ちになる御計画だそうですが、趙《ちょう》・燕《えん》両国が激突しておたがいに多数の死傷者でもだすことになりますと、恐ろしい秦《しん》が漁師の立場をしめるようなことになりはしませんか。よくよくお考えになることが肝要《かんよう》かと存じます」

趙《ちょう》の恵文王《けいぶんおう》は、なかなか明敏な君主だったので、このたとえ話を聞いてはたと思いあたることがあり、燕《えん》への出兵をとりやめたのであった。

この話は、『戦国策《せんごくさく》』にあるが、この話から、〈鷸蚌《いつぼう》の争《あらそい》は漁父《ぎょふ》の利《り》をなす〉という言葉が生まれ、それから〈鷸蚌《いつぼう》の争《あらそい》〉と〈漁父《ぎょふ》（漁夫《ぎょふ》）の利《り》〉が分離して、ともに、あい争う両者が第三者に利益をさらわれるという意味をあらわすようになった。

52 槿花《きんか》一日《いちじつ》の栄《えい》

泰《たい》山は毫末《ごうまつ》を欺《あざむ》くを要せず
顔子《がんし》は老彭《ろうほう》を羨《うらや》むに心なかれ
松樹《しょうじゅ》は千年なるも終《つい》にこれ朽《く》ち

槿花《きんか》は一日《いちじつ》なるもみずから栄となす

〈泰《たい》山は偉大であるからとて、微細のものを馬鹿にしてはいけない。孔子《こうし》の高弟の顔回《がんかい》は俊秀《しゅんしゅう》でありながら不幸にして若死にしたが、八百歳の長寿を保ったという彭《ほう》祖《そ》を羨《うらや》んではならない。松は千年にわたって緑をたもつが、ついには枯れはて、槿《むくげ》の花はたった一日の寿命しかないが、自分ではその一日を栄華として誇っている〉

これは、白居易《はくきょい》（字《あざな》は楽天）の『放言』と題する詩の前半である。「放言」とは気ままにものをいう意であるが、この詩は、要するに、生死は幻影《げんえい》であり、死を憂《うれ》える必要もなく、さりとて、身の不幸を嘆いて生を厭《いと》うてもならぬという意味あいを詠《えい》じている。

〈槿花一日《きんかいちじつ》の栄《えい》〉は、この『放言』からでた。槿《むくげ》の花の朝咲いて夕にはしぼむのにたとえて、栄華のはかなさを表現する言葉である。〈槿花一朝《きんかいっちょう》の夢〉ともいい、この方がよく使われるようだ。

53 愚公《ぐこう》、山《やま》を移《うつ》す

『列子《れっし》』の「湯問《とうもん》篇」に、つぎのような話がある。

——太行《たいこう》山と王屋《おうおく》山（ともに山西省）は、ともに高大な山で、もとは冀《き》州（河北省）の南、河陽《かよう》（黄河《こうが》の北側の地）の北にあった。その頃、その二山に面した土地に、北山の愚《ぐ》公という人が住んでおり、九十歳になろうとしていたが、山が北に塞《ふさが》っていて往来が不便なのを苦にしていた。そこで、一家の者を集めて相談した。

「みんなで全力をつくして、険《けわ》しい山を平らかにし、予《よ》州（河南省）の南へと道を通し、漢水《かんすい》（川の名）の北側の地に通じるようにしたいが、どうだろう」

一同は賛成したが、愚《ぐ》公の妻だけが疑問をさしはさんで言った。

「あなたの力では、小さな丘でさえくずせないでしょう。まして太行《たいこう》山や王屋《おうおく》山などとんでもありません。それに、土や石をどう処理しようというのですか」

しかし、一同は、

「なあに、土や石は、渤海《ぼっかい》（北京や天津の東に位置する海域）の端《はし》、隠土《いんど》（東北地方の州の名）の北にでも捨てればいいのです」

とばかりに、意気さかんであったので、愚《ぐ》公は、ついに、子や孫をひきいて工事に着手し、石をくだき土を掘って、箕《み》やもっこで海の端に運びはじめた。

愚《ぐ》公の隣りに後家《ごけ》が住んでおり、そこに七、八歳になったばかりの男の子がいたが、その子も喜んで手伝いを申しでて、土石を渤海《ぼっかい》まで運んで、半年がかりで一往復するありさまであった。

こうした状態を見て、黄河《こうが》のほとりの利口な老人が、あざ笑いながら愚《ぐ》公に言った。

「お前さんは、考えがなさすぎるよ。老《おい》先短い身に残されたわずかな力なんかでは、山の一角だってくずすことはできまい。こんな大きな山の土石をどうするつもりなのだ」

すると、愚《ぐ》公は、深く嘆息して言った。

「お前さんの心はかたくなで、手のつけようもない。あの後家さんの幼児以下だ。わたしは死んでも、子は残るんだぜ。子は孫を生み、孫はまた子を生む。その子にはまた子があり、孫があり、子々孫々いつまでも尽きることはない。ところが、山の方はふえはしない。だったら、いつかは平らかにならないわけはあるまい」

利口な老人は返答につまってしまったが、この話を聞いた山の神さまも恐れをいだいた。いつまでも山をくずされてはたまらないと思ったからである。そこで、この次第を天の神さまに報告した。すると、天の神さまは愚公《ぐ》の誠意に感じ、夸蛾《かが》氏（力持ちの神）の二子に命じて、太行山と王屋山を背負わせ、一つを朔北《さくほく》（中国の最北、匈奴《きょうど》の地）の東に、他の一つを雍《よう》州（甘粛《かんしゅく》省から陝西《きょうせい》省にかけての地）の南に遷《うつ》してやった。だから、それ以後は、冀《き》州の南から漢水の北にかけて、小高い丘もなくなったのである。

〈愚《ぐ》公、山を移す〉は、この話からでた。勉《つと》めて已《や》まなければ、大事も必ず成功するという譬《たと》えである。

54 口《くち》に蜜《みつ》あり腹《はら》に剣《けん》あり

唐《とう》の玄宗《げんそう》皇帝の時代、李林甫《りりんぽ》という人がいた。邪知《じゃち》のよくまわる、じつに諛《へつら》うことのうまい人物で、玄宗《げんそう》皇帝にとりいって十九年間も宰相《さいしょう》をつとめた。彼は、学識のある有能な人物を嫉《にく》んで、そうした人物とみれば親切をよそおって近づき、さんざん甘言《かんげん》でおだてておいては、陰にまわってひそかに陥《おと》しいれるのが常だった。そこで、世人は李林甫《りりんぽ》を評して、〈口に蜜あり腹に剣あり〉と言った。

この話は、『新唐書《しんとうじょ》』の「李林甫《りりんぽ》伝」にある。〈口に蜜あり腹に剣あり〉とは、口からでる言葉は蜜のように甘くて親切だが、腹の中では、冷たく鋭い剣をとぎすましているという意味で、陰険な恐ろしい人物の形容である。

55　靴《くつ》を隔《へだ》てて痒《かゆ》きを掻《か》く（隔靴掻痒《かっかそうよう》）

『無門関序《むもんかんじょ》』に「棒を掉《ふる》って月を打ち、靴《くつ》を隔《へだ》てて痒《かゆ》きを掻《か》くも、甚《はなは》だしくは交渉あらんや」とある。これから〈隔靴掻痒《かっかそうよう》〉〈靴を隔てて痒《かゆ》きを掻《か》く〉という言葉ができた。ともに靴の上から痒《かゆ》いところをかくことで、事をおこなって十分に本意を達することのできないたとえであるが、後には、ただもどかしいことの形容として「君のやりかたを見ていると、どうも〝隔靴掻痒《かっかそうよう》〟の気味がある」「〝靴の上から痒《かゆ》いところを掻《か》いて〟いるようなもので、まだるっこしいこと、この上なしだ」などと使われるようになった。

56　敬遠《けいえん》

「人を見て法を説く」というとすぐ釈迦《しゃか》が頭にうかぶが、孔子《こうし》もその点で達人であった。『論語《ろんご》』をみると、たとえば、子路《しろ》に対しては、「これを知るを　これを知ると為《な》し、知らざるを　知らずと為《な》せ、これ知るなり」と教えたが、おなじ〝知る〟について、樊遅《はんち》には、「民の義を務め、鬼神《きしん》を敬《けい》してこれを遠ざく、知と謂《い》うべし（人としての道をつとめおこない、神霊《しんれい》を崇敬《すうけい》して、狎《な》れ近づいて汚すようなことはしない、これが〝知〟というべきだ）」と教えている。

〈敬遠〉は、「鬼神《きしん》を敬《けい》してこれを遠ざく」からでた。鬼神《きしん》とは神霊のことであるが、神仏、神さま、仏さまとおきかえてもいい。それは崇敬して祈るものではあるが、狎《な》れ近づいて勝手なことを願うものではない。〈敬遠〉の原義はそこにあるのだが、いまでは、けむたいから、または厄介《やっかい》だから避ける意味に使う。「敬遠のフォア・ボール」もそれである。

57 雞群《けいぐん》の一鶴《いっかく》（掃《は》き溜《だ》めの鶴《つる》）

嵇紹《けいしょう》は、「竹林《ちくりん》の七賢《しちけん》」の一人である魏《ぎ》の嵇康《けいこう》の子である。父の康《こう》は、無実の罪に問われて刑死したが、その後、紹《しょう》は亡夫の親友であった山濤《さんとう》（七賢の一人）の推薦で官途《かんと》についた。そして、洛陽《らくよう》の都におもむいて間もないころ、彼が都大路を歩いているのを見かけたある人が、やはり七賢の一人である王戎《おうじゅう》に言った。

「わたくしは、昨日、群衆のなかではじめて嵇紹《けいしょう》を見かけましたが、見るからに意気さかんで、あたかも野鶴《やかく》が雞《けい》（鶏《にわとり》）の群のなかにいるような状態でした〈昂々然《こうこうぜん》として、野鶴《やかく》の雞群《けいぐん》に在《あ》るがごとし〉」

すると、王戎《おうじゅう》が答えた。

「うん、まあ、相当な人物だが、あれの亡くなった父親には及ばないさ」

この話は、『晉書《しんじょ》』の「嵇紹《けいしょう》伝」にある。〈雞群《けいぐん》の一鶴《いっかく》〉は、この「昂々然《こうこうぜん》として、野鶴《やかく》の雞群《けいぐん》に在《あ》るがごとし」という言葉からでた。多くのつまらぬものの中で独りきわだってすぐれているたとえである。俗に「掃《は》き溜《だ》めの鶴《つる》」というのも、これと同意である。

58 荊妻《けいさい》

後漢《ごかん》の梁鴻《りょうこう》の妻の孟光《もうこう》は、でぶでぶに肥《ふと》っていて、ぶきりょうで色も黒く、石臼《いしうす》を持ちあげることができるほどの大力で、およそ女らしさとは縁の遠い容貌をしていたが、徳行《とくぎょう》においてはすぐれていた。容貌が容貌だけに、なかなか嫁にもらいてもなかったが、彼女の方でもいいかげんな男性に嫁《とつ》ごうとはしなかった。そのために、三十歳まで独身で暮した。父母が心配して、どういうつもりなのかとたずねると、

「梁鴻《りょうこう》さんのような節操の高いかたにならお嫁にいきたいと思います」

という答えだった。これを聞いた梁鴻《りょうこう》は意を決して彼女を娶《めと》った。結婚生活に入ってからも、孟光《もうこう》はすこしも身なりをかまわず、つねに荊《いばら》の釵《かんざし》をつけ木綿のもすそを着用していたが、家事は整然ととりしきられていたという。

この話は、『列女伝《れつじょでん》』にあり、〈荊妻《けいさい》〉は、この孟光《もうこう》の話からでた。荊《いばら》の釵《かんざし》をつけ木綿のもすそを着用する妻、つまり、粗末な服装をしている妻という意味で、自分の妻を謙遜《けんそん》していう言葉である。

59 螢雪《けいせつ》（の功《こう》）

いまから約千五百年のむかし、東晋《とうしん》に車胤《しゃいん》という人がいた。幼いころから恭謹《きょうきん》で、一心に勉学に励んだ。家が貧しくていつもは燈油《とうゆ》を買えなかったので、夏になると、練《ね》り絹《ぎぬ》の袋をつくって多くの螢《ほたる》を入れ、そのあかりで書物を読んだ。そして、ついに尚書郎《しょうしょろう》（宮内次官）にまで出世した。ふみ読む窓を螢窓《けいそう》というのは、車胤《しゃいん》の故事

によるのである。

また、おなじ東晉《とうしん》の孫康《そんこう》は、若いころから心の清らかな人で、めったな人とはつきあわなかった。彼も家が貧しくて燈油《とうゆ》を十分に買えなかったので、冬になると、雪に照らして書物を読んだ。そして、ついに御史大夫《ぎょしたいふ》（検事総長）にまで出世した。勉強机を雪案《せつあん》というのは、孫康《そんこう》の故事によるのである。

車胤《しゃいん》の故事は、『晉書《しんじょ》』の「車胤伝《しゃいん》」にあり、孫康《そんこう》の故事は、同書の「孫康伝《そんこう》」にある。この二つの話から〈螢窓雪案《けいそうせつあん》〉がでて、苦学の意味に使われ、その後〈螢雪《けいせつ》の功《こう》〉が生まれて、勉学の結実の意に使われるようになった。〈螢《ほたる》の光、窓の雪〉は日本製らしい。

60　逆鱗《げきりん》

『韓非子《かんぴし》』の「説難篇《ぜいなん》」は、遊説者《ゆうぜい》の心得《こころえ》について述べられたものであるが、君主の心をこれほどまでに読まねばならなかったのかと、戦国末期に生きた人々のきびしさを思い知らされる文章である。〝逆鱗《げきりん》〟の話はその最後の部分にある。

――竜という動物は、馴《な》れれば人が騎《の》ることができるくらいにやさしい。しかし、咽喉《のど》の下に、さしわたし一尺《いっしゃく》（約30センチ）ばかりの逆《さか》さに生えた鱗《うろこ》、すなわち〝逆鱗《げきりん》〟があり、これにふれる人があれば、必ずその人を殺してしまう。人間の君主にも、また〝逆鱗《げきりん》〟がある。遊説者《ゆうぜい》が、君主の〝逆鱗《げきりん》〟にふれないようにうまくその言説を展開することができれば、まあ成功だといえよう。

〈逆鱗《げきりん》〉は、はじめはもっぱら君主の怒りに使われたが、後には上役とか権力者の怒りにも広く使われるようになった。

61　月下氷人《げっかひょうじん》

唐《とう》の韋固《いこ》は若くて独身だった。旅行して宋城《そうじょう》に宿泊したとき、珍しい老人にあった。老人は、赤い縄《なわ》がはみだしている大きな袋にもたれて坐《すわ》り、月の光の下で書物をしらべていた。韋固《いこ》が、

「なんという書物ですか」

とたずねると、

「天下の結婚についての書物だよ」

という答えである。さらに、

ケ

「その赤い縄はなんですか」

とたずねると、老人は答えた。

「これで夫妻の足をつなぐのさ。この縄がいっぺんかかると、仇敵《きゅうてき》どうしであろうと、外国人であろうと、かならず夫婦になる。それは易《か》えられないのだ。おまえは、将来自分の妻になる人物を知りたいようだが、おまえの妻は、そら、この店の北で野菜を売っている陳《ちん》ばあさんの娘さね」

それから十四年たって、韋固《いこ》は相州《そうしゅう》の官吏《かんり》になり、郡守《ぐんしゅ》の女を娶《めと》った。新妻《にいづま》は十六、七歳で美しかった。韋固《いこ》は、いつかの老人の話は、やはりでたらめだったと思った。ところが、新妻が身の上を語るのを聞くと、

「わたくしは、郡守《ぐんしゅ》の養女なのです。実父は宋城《そうじょう》の官吏《かんり》だったときに死にました。そのころ、わたくしはまだおむつをしている赤ん坊だったのですが、乳母《うば》の陳《ちん》がいい人で、野菜を売って養ってくれたのです」

ということだった。宋城《そうじょう》の長官はこの話をきいて、その店を「定婚店《ていこんてん》」と名づけたという。

この話は、『続幽怪録《ぞくゆうかいろく》』にあるが、この話から〈月下老《げっかろう》〉という言葉がでた。

東晉《とうしん》の索紞《さくたん》は占いの名人だった。あるとき狐策《こさく》という人が、索紞《さくたん》のところに夢占い

をたのみにきた。

「夢のなかで、わたしは氷の上に立っていて、氷の下の人と話をしました。この夢をどう判断したらよいのでしょうか」

「氷上は陽、氷下は陰です。あなたが氷上にいて氷下の人と語ったというのは、陽と陰が語ったということでして、なにか婚姻ごとがあり、あなたの媒介《ばいかい》で話がまとまるのです。時期は氷がとけるころでしょう」

その後、はたして狐策《こさく》のところへ太守《たいしゅ》から使いがきた。息子の結婚の仲人《なこうど》をたのみたいというのである。話はつつがなくまとまり、式は氷のとけた春の半ばに、めでたくあげられた。

この話は、『晋書《しんじょ》』の「芸術《げいじゅつ》伝」にあるが、この話から〈氷上人《ひょうじょうじん》〉という言葉がでた。

〈月下氷人《げっかひょうじん》〉は、〈月下老《げっかろう》〉と〈氷上人《ひょうじょうじん》〉があわさってできた言葉で、結婚の媒《ばい》酌《しゃく》人・仲人《なこうど》という意味である。

62 月旦《げったん》

後漢《ごかん》の末期、汝南《じょなん》（河南省）に、許劭《きょしょう》とその従兄の靖《せい》という人がいた。二人は郷里の人物をえらんで批評し、それを類別して毎月一日に発表した。その人物評が適切で面白かったので、「汝南《じょなん》の月旦評《げったんひょう》」として評判になった。その評判を聞いたのが曹操《そうそう》である。曹操《そうそう》はのちに『三国志《さんごくし》』の大立物《おおたてもの》になったのだが、そのころは、まだ野望にもえている若者だった。彼はさっそく許劭《きょしょう》をたずねて、丁重《ていちょう》に自分がいかなる人物であるか、その鑑定《かんてい》をたのんだ。

「あなたは、太平《たいへい》の世なら有能な官僚、乱世なら姦雄《かんゆう》（悪知恵にたけた英雄）というところでしょう」

これが許劭《きょしょう》の曹操評《そうそう》だったという。

この話は、『後漢書《ごかんじょ》』の「許劭伝《きょしょう》」にある。〈月旦《げったん》〉は、この話からでた。もともとは人物評という意味であるが、たとえば「名産月旦」のように、人物外の評にも使われる。

63 巻土重来《けんどじゅうらい》（捲土重来《けんどちょうらい》）

西楚《せいそ》の覇《は》王と称した項羽《こうう》は、漢《かん》王劉邦《りゅうほう》との戦いにやぶれ、烏江《うこう》（長江《ちょうこう》上流の川）のほとりまで退《しりぞ》いたが、ついにみずから頸《くび》をはねて死んだ。そのとき、烏江亭《うこうてい》の亭長から江東に逃げのびて再起をはかれとすすめられたのだが、項羽《こうう》は、「天のわれを亡《ほろ》ぼすに、われ何ぞ渡るをなさん。かつ、籍《せき》（項羽《こうう》の名）、江東の子弟八千人と、江を渡りて西せるに、いま一人の還《かえ》るなし。たとい、江東の父兄、憐《あわれ》みてわれを王とすとも、われ何の面目ありてこれにまみえん。たとい、彼いわずとも、籍《せき》ひとり心にはじざらんや」と言って、亭長の言をききいれなかったのである。

それから約千年、その地に立った晩唐《ばんとう》の詩人杜牧《とぼく》は、項羽《こうう》を愛惜《あいせき》して『烏江亭《うこうてい》に題《だい》す』という詩をつくった。

勝敗は兵家も期すべからず
羞《はじ》を包み恥《はじ》を忍《しの》ぶ　これ男児
江東の子弟　才俊《さいしゅん》多し

巻土重来《けんどじゅうらい》いまだ知るべからず

——勝敗は兵家の常だ。敗れたりとはいえ、どうして忍びがたき恥を忍ばなかったのか。それさえ忍んで再起をはかれば、江東には才俊《さいしゅん》の子弟が多かったのだから、巻土重来《けんどじゅうらい》できたかもわからないのに。

〈巻土重来《けんどじゅうらい》〉は、この杜牧《とぼく》の詩から生まれた。元来は、強風が土煙を巻きおこして重ねてやってくるの意味であるが、それから転じて、一度衰《おとろ》えたものが勢威《せいい》をとりもどしてふたたび襲ってくるという意味に用いられる。〈巻土〉は〈捲土〉とも書き、〈重来〉は「ちょうらい」とも読む。

64　肯綮《こうけい》に中《あた》る

戦国時代のことである。庖《ほう》（料理人）の丁《てい》という人が、梁《りょう》の文恵君《ぶんけいくん》（恵《けい》王）のために牛を解体した。庖丁《ほうてい》の牛に対する手のふれかた、肩のよせかた、足のふまえかた、膝《ひざ》のまげかたは見事な調和をたもち、刀の動きにつれて肉はリズミカルにほぐれた。

文恵君《ぶんけいくん》が思わずその入神《にゅうしん》の技《わざ》をほめると、庖丁《ほうてい》は刀をおいて言った。

「わたくしが好みますところは〝道〟で、技より以上のものです。わたくしがはじめて牛を解体いたしましたときは、牛全体がいきなり目の中にとびこんでまいりまして、どこから手をつけてよいかわかりませんでした。それから三年後には、牛全体に圧倒されずにその各部分が見えるようになりました。いまでは、目で見たりして五官《ごかん》をはたらかせることなく、ただ精神のはたらきだけで牛に対します。ですから、刀を牛の体の自然の理《すじめ》どおりに、大きなすきまから大きな穴にみちびき、らくに解体いたします。肯綮《こうけい》にもふれず、まして大骨にあてることはありません〈技、肯綮《こうけい》を経《ふ》るすらこれ未《いま》だ嘗《かつ》てせず、況《いわ》んや大軱《だいこ》をや〉。

腕のたつ料理人は、だいたい一年ごとに刀をかえます。時たま刃を割《か》くからです。普通の料理人ですと、骨にあてたりして折ってしまいますので、一月ごとに刀をかえるような始末です。ところが、わたくしの刀は、もう十九年も使用しており、数千の牛を料理いたしましたが、このとおり研《と》ぎたてのように光っております。それは、牛の体の自然にしたがって刀をふるい、すこしも無理をしないからです」

文恵君《ぶんけいくん》は感嘆《かんたん》して言った。

「立派なことだ。わしは庖丁《ほうてい》の話をきいて、身を保ち生を全《まっと》うする道を知ることだできた」

この話は、『荘子《そうじ》』の「養生主篇《ようじょうしゅ》」にある。〈肯綮《こうけい》に中《あた》る〉は、「技、肯綮《こうけい》を経《ふ》るすらこれ未《いま》だ嘗《かつ》てせず」からでた。肯《こう》は骨につく肉、綮《けい》は筋骨の結合しているところ。「肯綮《こうけい》」は事の急所、要所の意に転じ、〈肯綮《こうけい》に中《あた》る〉は、その急所、要所にふれるという意味である。

われわれが料理に使う刃物を庖丁《ほうちょう》というのは、この話の庖丁《ほうてい》が転訛《てんか》したのである。

65 巧言令色《こうげんれいしょく》（鮮《すくな》し仁《じん》）

『論語《ろんご》』に、孔子《こうし》の言葉として「巧言令色《こうげんれいしょく》 鮮《すくな》し仁《じん》」とある。「口さきが巧《たく》みで、人に対して顔つきを飾るようなものには、仁徳《じんとく》をそなえた人物はまずない」という意味である。

この反対が、おなじ『論語』の「剛毅木訥《ごうきぼくとつ》は仁《じん》に近《ちか》し」という孔子《こうし》の言葉である。「意志が強く勇敢で、質朴《しつぼく》で寡黙《かもく》なものは、仁徳《じんとく》をそなえた人物というに近い」という意味である。

この二つの言葉には、どちらにも「仁《じん》」という語が使われている。「仁」は孔子《こうし》の思想の中心的な概念で、「忠恕《ちゅうじょ》」といいかえてもよい。忠《ちゅう》とは、おのれを尽《つ》くすこと、つまり自分自身をあざむかないことであり、恕《じょ》とは、おのれを推《お》すこと、つまり自分自身をあざむかない心をもって人に対することである。すなわち、「忠恕《ちゅうじょ》」とは簡単にいえば、自分にも他人にも誠実であることに他ならない。

〈巧言令色〉は、心にもないお世辞を言ったり、本心をあざむいて媚《こ》びた態度をとるのであるから、誠実とはほど遠い。意志が強く勇敢で、質朴《しつぼく》で寡黙《かもく》なものは、正しいと信じたことは直線的に実行するだろうし、おべっかをつかう術《すべ》もなかろうから、つねに誠実に近いわけで、「剛毅木訥《ごうきぼくとつ》は仁《じん》に近《ちか》し」ということになるのである。

66 後生畏《こうせいおそ》るべし

『論語《ろんご》』にある言葉で、後輩――若い者は頼もしいという意味。

――後生畏《こうせいおそ》るべし。焉《な》んぞ来者の今にしかざるを知らんや。四十、五十にして聞《きこ》ゆることなくんば、これまた畏《おそ》るるに足らざるのみ。

〈若いものは頼もしい。気力もあれば、さきの寿命も長い。その将来性にはおそるべきものがある。それにひきかえ、中年すぎても善行有能の評判の立たないものは、も

はや大したものではない。〉

孔子《こうし》は、若い弟子たちを見ては心たのしみ、また、みずからを励ましたのであろうが、この一言だけでも、二千数百年もむかしの人でありながら、教育者としての資格を立派にそなえていたことがわかる。

67 浩然《こうぜん》の気《き》

孟子《もうし》は各地で門弟《もんてい》をもったが、斉《せい》にいるときにもった門弟のなかに公孫丑《こうそんちゅう》という男がいた。公孫丑《こうそんちゅう》は純真で、ふかく師の孟子《もうし》を尊敬していた。あるとき、彼は、師が斉《せい》の国政にあたったら、さぞ、すばらしい政治が展開されるだろうという期待から、いろいろ孟子《もうし》に質問しているうちに、話題はいつか「不動心《ふどうしん》」へと移った。孟子《もうし》は、この愛すべき門弟に、まず、「みずからかえりみて縮《なお》（直《なお》）くんば、千万人といえどもわれ往《ゆ》かん」――反対者がいかに多くても断乎《だんこ》として所信《しょしん》にむかって邁進《まいしん》する勇気、それは、みずからの心に一点のやましさもないところから生ずる、すなわち、「直」こそ「不動心」のもとだと説いてから、

「わたしは、常によくわが〝浩然《こうぜん》の気〟を養《やしな》っている」

と言った。そして、公孫丑《こうそんちゅう》が、〝浩然《こうぜん》の気〟とはいかなるものかと問うと、「説明しがたい〈曰《いわ》く言い難《がた》し〉。だが、あえて言えば、その気たるや至大至剛《しだいしごう》で、正しくて直なる心をもって養成して害《そこな》わなければ、天地の間に充満して、ついには宇宙と合一するものだ」

と答えたのである。

この話は、『孟子《もうし》』の「公孫丑《こうそんちゅう》篇」にある。〈浩然《こうぜん》の気〉とは、要するに、天地のあいだにみなぎっている正しく強い元気の意である。しかし、いまは、たとえば酒を飲んでおおらかになろうとするときなどに、

「ひとつ、〝浩然《こうぜん》の気〟を養おうか」

のように、かるく使われている。

68 狡兎死《こうとし》して良狗《りょうく》烹《に》らる

漢《かん》王劉邦《りゅうほう》が項羽《こうう》を亡《ほろ》ばして天下の権をにぎり、帝位について漢《かん》の高祖《こうそ》となった翌年のことである。高祖は雲夢湖《うんぼうこ》（湖北省）に遊幸《ゆうこう》することを名目にして、諸侯を楚《そ》の陳《ちん》（河南省）に召集し、じつは韓信《かんしん》をとらえようとした。当時、韓信《かんしん》は楚《そ》王に封《ほう》ぜら

れていたが、その韓信《かんしん》のもとに、項羽《こうう》の勇将であった鐘離昧《しょうりばい》がいた。高祖は、かつての戦闘で鐘離昧《しょうりばい》に苦しめられたことがあり、ふかく彼を憎んでいた。そこで、韓信《かんしん》に鐘離昧《しょうりばい》を逮捕《たいほ》するように命じたが、韓信《かんしん》は鐘離昧《しょうりばい》と親しかったので、その命をきかず、かえって彼をかくまっていた。そのために、韓信謀反《かんしんむほん》のうわさがたったので、高祖は遊幸《ゆうこう》を口実にして諸侯の軍を召集したのである。

高祖の一行が楚《そ》に近づくと、韓信《かんしん》は身の安全をはかるためにいろいろ考えたが、結局、鐘離昧《しょうりばい》を自害させて、その首をもって陳《ちん》についた高祖のもとにおもむいた。しかし、やはり謀反《むほん》人として捕縛《ほばく》されてしまった。韓信《かんしん》はくやしがって言った。

「ああ、『狡兎死《こうとし》して良狗《りょうく》烹《に》られ、高鳥尽《こうちょうつ》きて良弓蔵《りょうきゅうかく》れ、敵国やぶれて謀臣《ぼうしん》ほろぶ』というが、そのとおりだ。天下が漢《かん》に帰して、おそるべき敵がなくなったいま、狡《すばしこ》い兎《うさぎ》が狩りつくされると忠実な猟犬《りょうけん》が主人に烹《に》て食われるように、さんざん漢《かん》のために働いた自分が、こんどは高祖に斃《たお》されるのだ」

ところで、このとき高祖は韓信《かんしん》を殺さず、楚《そ》王から淮陰《わいいん》侯におとして赦《ゆる》した。韓信《かんしん》が本当に謀反《むほん》をくわだてて殺されたのは、ずっと後のことである。

この話は、『史記』の「淮陰侯《わいいんこう》列伝」にある。〈狡兎死《こうとし》して良狗《りょうく》烹《に》らる〉は〈高鳥《こうちょう》尽《つ》きて良弓《りょうきゅうかく》蔵る〉と同義で、ともに〈敵国やぶれて謀臣《ぼうしん》ほろぶ〉を修飾している。

敵がなくなると、疑心を協力者にむけざるをえない人間の悲しい心理、それをこれらの言葉は的確にえぐっている。

69 弘法《こうぼう》は筆《ふで》を択《えら》ばず（能書《のうしょ》は筆《ふで》を択《えら》ばず）

弘法大師《こうぼうだいし》（空海《くうかい》）が日本の平安朝初期の名僧であったことはいまさら説明するまでもないが、書道の大家であったこともまた有名な事実である。〈弘法《こうぼう》は筆《ふで》を択《えら》ばず〉とは、その能書《のうしょ》ぶりを称した言葉であるが、のちには書道にかぎらず、達人というものは材料や道具にこだわらない――材料や道具にこだわるようでは、まだ達人とはいえない、という意味に使われるようになった。

ところで、〈弘法《こうぼう》は筆《ふで》を択《えら》ばず〉という言葉は、実は、中国の〈能書《のうしょ》は筆《ふで》を択《えら》ばず〉という言葉を借用して、「能書《のうしょ》」を「弘法《こうぼう》」に置き換えたものなのである。

――唐《とう》の文化といえばすぐに詩が頭にうかぶが、唐《とう》代は詩だけではなく、学問・芸術全般にわたって花ひらいた時代であった。書道でも大家《たいか》が輩出した。すなわち、欧陽詢《おうようじゅん》、顔真卿《がんしんけい》、虞世南《ぐせいなん》、褚遂良《ちょすいりょう》などである。

あるとき、褚遂良《ちょすいりょう》が虞世南《ぐせいなん》にむかって、自分と欧陽詢《おうようじゅん》とどちらが字がうまいかとたずねると、虞世南《ぐせいなん》は答えた。

「それは欧陽詢《おうようじゅん》だ。彼は〈紙筆《しひつ》を択《えら》ばず〉だが、君は筆墨《ひつぼく》を気にしているではないか」

この話は、『唐書《とうじょ》』の「欧陽詢《おうようじゅん》伝」にある。〈紙筆《しひつ》を択《えら》ばず〉が〈能書《のうしょ》は筆《ふで》を択《えら》ばず〉になり、わが国に伝わって〈弘法《こうぼう》は筆《ふで》を択《えら》ばず〉になったのである。

70 呉越同舟《ごえつどうしゅう》

有名な兵法書『孫子《そんし》』は、また名言にも満ちている。〈呉越同舟《ごえつどうしゅう》〉もその一つだ。

――名将とは、兵の心を一つにして、それを思うがままに動かす将軍をいう。では、どのようにして一つにするのか。それは、兵を死地《しち》――絶体絶命の立場におくのだ。呉《ご》と越《えつ》とは永年の仇敵《きゅうてき》で、その国民はあげて憎みあっている。しかし、いま、かりに呉《ご》人と越《えつ》人が同じ舟に乗りあわせて川を渡るとする。そのとき、大風が吹いてきて舟が転覆しそうになれば、両者ともに平常の憎しみを忘れ、舟を無事にあやつろうとして、左右の手のように協力するだろう。このように兵の心を一つにすること、これこそ戦陣において最もたよりになるとりでであり、それを実現することが名将たる資格である。

〈呉越同舟《ごえつどうしゅう》〉はこの話からでた。仲のわるいもの同士が協力するというのがもとの意味であるが、協力とまではいかなくても、同席する場合などにも使う。

71 国士無双《こくしむそう》

秦《しん》が亡《ほろ》びた後、漢《かん》の劉邦《りゅうほう》と楚《そ》の項羽《こうう》が天下を争った。二人の争いは劉邦《りゅうほう》の勝利におわったが、劉邦《りゅうほう》は最後まで項羽《こうう》に苦しめられた。秦《しん》が亡びた直後も、漢《かん》軍は楚《そ》軍の勢威《せいい》におされて、西南方の巴蜀《はしょく》の地におしこめられた。関東（函谷関《かんこくかん》の東）各地から劉邦《りゅうほう》にしたがってきた将兵のうちには、逃亡するものが続出した。そうした逃亡者の中に、「股《また》くぐり」の故事で有名な韓信《かんしん》がいた。韓信《かんしん》は英才をいだいていたのだが、当時は治粟都尉《ちぞくとい》（穀物・貨物をつかさどる属官《ぞっかん》）というつまらぬ役を与えられていただけなので、自分を活用できぬ漢《かん》軍にあいそをつかしたわけである。韓信《かんしん》逃亡の報がつたわると、丞相《じょうしょう》（宰相《さいしょう》）の蕭何《しょうか》は、ただちに追いかけて連れもどした。その蕭何《しょうか》を、劉邦《りゅうほう》は、「いままで多くの将軍が逃げたが、卿《けい》（蕭何《しょうか》）はそのうちの一人も追いかけなかった。それなのに、どうして韓信《かんしん》だけを連れもどしたのか」

と詰問《きつもん》した。すると、蕭何《しょうか》は答えた。

「さきに逃亡した将軍ぐらいの人物なら、いくらも見つけだせます。ところが、韓信《かんしん》は国士無双《こくしむそう》と称すべき人物です。王がこの巴蜀《はしょく》を領有するだけで満足なさるのなら、韓信《かんしん》は必要ありません。もし天下を手中におさめようとなさるのなら、韓信《かんしん》の他にはともに軍略を計《はか》るものはありません」

そこで、劉邦《りゅうほう》は韓信《かんしん》を大将軍に任じ、韓信《かんしん》はそれにこたえて大活躍をした。蕭何《しょうか》は韓信《かんしん》の英才を見抜いていたのである。

この話は、『史記』の「淮陰侯列伝《わいいんこう》」にある。〈国士無双《こくしむそう》〉とは、一国中に二人とないすぐれた士《ひと》という意味である。麻雀《マージャン》用語の〝国士無双《こくしむそう》〟は、老頭牌《ろうとうはい》（一と九）と字牌《じはい》（東南西北白發中）を一つずつ集めたものであるが、それは〝二人とない〟から転用したわけである。

72 虎穴《こけつ》に入《い》らずんば虎子《こじ》を得《え》ず

後漢《ごかん》のころ、西域の経綸《けいりん》に大功をたてた班超《はんちょう》は、『漢書《かんじょ》』の著者、班固《はんこ》の弟である。若いころから学識もあり勇気もあるスケールの大きな人物だった。はじめ官吏《かんり》としてある役所に勤務したが、そのスケールの大きさは、とても俗吏《ぞくり》どもの理解するところとならず、些細《ささい》なことから免職させられた。そして、その人物を認められて西域で活躍しだしたのは、すでに四十歳になるころからだった。

　さて、班超《はんちょう》が三十六人の壮士《そうし》をひきいて鄯善国《ぜんぜん》（楼蘭《ろうらん》）に使えたときのことである。鄯善《ぜんぜん》は天山南北路の分岐点にあたる交通の要衝《ようしょう》であったので、匈奴《きょうど》も大いに関心をもっていた。班超《はんちょう》の一行は、はじめ非常に厚遇されたが、ある一夜をさかいにして、急に冷遇されるようになった。匈奴《きょうど》の使者がきたからである。そこで、班超《はんちょう》は部下を全員あつめて言った。

「鄯善《ぜんぜん》の王は匈奴《きょうど》によしみを通じている。このまま無為《むい》に時をすごせば、われわれは匈奴《きょうど》の餌食《えじき》にされるかも知れない。〝虎穴《こけつ》に入《い》らずんば虎子《こじ》を得《え》ず〟だ。先手をうって匈奴《きょうど》の使者に夜襲《やしゅう》をしかけよう」

　かくして、三十六人の壮士は、匈奴《きょうど》の使者の宿舎に火を放って急襲し、数倍の敵をみな殺しにした。もちろん、鄯善《ぜんぜん》は漢《かん》に伏《ふく》した。

　この話は、『後漢書《ごかんじょ》』の「班超《はんちょう》伝」にあるが、この話でわかるように、〈虎穴《こけつ》に入《い》らずんば虎子《こじ》を得《え》ず〉は班超《はんちょう》の言葉である。虎の穴に入らなければ虎の子を手にいれることができないように、危険をおかさなければ巨利を得ることはできないという意味である。

73 心《こころ》、ここに在《あ》らざれば、視《み》れども見《み》えず、聴《き》けども聞《きこ》えず

儒教《じゅきょう》の理想は、平天下《へいてんか》、すなわち、明徳をもって人間世界を平和におさめることにあった。平天下のもとは治国《ちこく》、すなわち天下を形成する諸国の治安をたもつことにあり、治国のもとは斉家《せいか》、すなわち一国内のすべての家の秩序を正しくすることにあり、斉家のもとは修身《しゅうしん》、すなわち家族の構成員すべてが身を修めることにあった。いいかえれば、修身はたんに個人的な問題ではなく、斉家、治国からひいては平天下につながる基礎と思考されていたのである（修身・斉家・治国・平天下）。このことは、儒教の経典《けいてん》、「四書《ししょ》」の一つの『大学』に明記されているが、その修身については、「身を修むるはその心を正しくするにあり」とあって、正心《せいしん》すなわち心を正しくすることを強調している。正心とは、心をつねに仁義《じんぎ》の状態にたもつことであり、そのためには、忿怒《ふんど》、恐懼《きょうく》、好楽《こうらく》、憂患《ゆうかん》などによって心を散漫にしないことが肝要《かんよう》だという。そして、もし心が散漫になれば、「心、ここに在《あ》らざれば、視《み》れども見えず、聴《き》けども聞《きこ》えず、食《くら》えどもその味を知らず」ということになって、きわめて理解しや

すいことさえもわからなくなるといましめている。

つまり、〈心、ここに在《あ》らざれば、視《み》れども見えず、聴《き》けども聞《きこ》えず〉は、高遠な理想追究の過程においてのべられた言葉であるが、いまでは、

「デートの日ともなれば、彼は〝心ここに在《あ》らず〟といった状態でね、仕事もミスばかりだよ」

というように軽く使われる。

74 五十歩百歩《ごじっぽひゃっぽ》

孟子《もうし》が魏《ぎ》（梁《りょう》）にいたときの話である。孟子《もうし》が、仁政《じんせい》を施《ほどこ》せば天下の民が慕いよってくると強調すると、魏《ぎ》の恵《けい》王から疑問がだされた。恵《けい》王の判断によれば、魏《ぎ》は隣国よりも民生《みんせい》に心をもちい、仁政《じんせい》において勝《まさ》っているのに、隣国の民が慕いよってくる気配がない、というのである。すると、孟子《もうし》は一つのたとえ話をもちだした。

「王さまは戦いがお好きですから、戦いに喩《たと》えて申しあげましょう。両軍が接近し、突撃の太鼓がなって白兵戦《はくへいせん》になりました。そのとき、武器を捨てて逃げだすものがあり、あるものは百歩逃げて止《とど》まり、あるものは五十歩で止まりました。五十歩で止ま

ったものが、百歩逃げたものを卑怯《ひきょう》だと笑ったといたします。これについて、王さまはどうお考えになりますか」

「それはおかしい。ただ百歩逃げなかったというだけのことで、両方ともに逃げたという点ではかわりがない」

「その点がおわかりでしたら、王さまの疑問は解消なさるはずです」

恵王《けい》は隣国よりも仁政《じんせい》をおこなっているというが、仁政《じんせい》の極致は王道であり、王道には侵略的な戦争などはない。恵王《けい》のように富国強兵による天下の兼併《けんぺい》を志《こころざ》しながら、民生《みんせい》に多少の意をもちいたところで、それは仁政《じんせい》からは遠い。魏《ぎ》の政治も隣国のそれも、王道からみれば〈五十歩百歩〉だというのが孟子《もうし》の見解であった。

この話は、『孟子《もうし》』の「梁恵王《りょうけいおう》篇」にある。

75 孤城落日《こじょうらくじつ》

将軍を逐《お》いて右賢《ゆうけん》を取らんと欲《ほっ》し
沙場《さじょう》に馬を走らせて居延《きょえん》に向《むか》う
遥《はる》かに知る　漢使《かんし》　蕭関《しょうかん》の外

愁《うれ》いて見る孤城落日《こじょうらくじつ》の辺

〈あなたは、先発しているわが唐《とう》の将軍のあとを追い、匈奴《きょうど》の右賢王《ゆうけん》をとりこにしようとして、西北の沙漠地帯に馬を走らせて居延《きょえん》城へと向《む》かっていかれる。やがて、都にあるわれわれは、あなたが蕭関《しょうかん》（関所の名。甘粛省《かんしゅく》）の遥《はる》か外の地で、孤立無援《こりつむえん》の城によわよわしい夕日がさしている辺《あた》りを、憂愁《ゆうしゅう》の思いをこめて見やっているのを知ることだろう〉

これは、唐《とう》の詩人、王維《おうい》の『韋評事《いひょうじ》を送るの詩』である。韋評事《いひょうじ》（韋《い》は姓、評《ひょう》事《じ》は官名＝刑獄《けいごく》を評決する官）は、おそらく王維《おうい》の友人であろうが、その人物についてのくわしいことはわからない。とにかく、この詩は、その韋評事《いひょうじ》が命をうけて匈《きょう》奴《ど》征伐《せいばつ》に出発するときに、送別の意をこめてつくられたものであろう。

〈孤城落日《こじょうらくじつ》〉とは、要するに、ひどく心細く、たよりないことのたとえである。

76 鼓腹撃壌《こふくげきじょう》

むかしむかし、聖天子《せいてんし》の代表ともあおがれる堯《ぎょう》の時代のことである。仁政《じんせい》の結果、世は太平無事のままに、堯《ぎょう》が即位してから五十年の月日が流れた。そのころ、堯《ぎょう》の心にふと不安がわいた。

「世の中は、本当に太平なのか。人民は、自分が天子であることを、本当に望んでいるのだろうか」

そこで、堯《ぎょう》は目立たない服装をして町に出てみた。ひとまわりしてみたが、町のたたずまいは落ち着いたものである。やがて、町はずれにかかったとき、堯《ぎょう》の眼は一人の老人をとらえた。白髪の百姓である。老百姓は、なにか食べながら、撃壌《げきじょう》（木ごま遊び。壌《きごま》をぶつけあって勝負する）に興《きょう》じている。そして、腹を鼓《たた》いては、いかにも楽しそうに歌っている。

日出《い》でて作《はたら》き
日入りて息《いこ》う

井をほりて飲み
田を耕《たがや》して食《くら》う
帝力われに何かあらんや

〈朝になれば田畑にでかけ、夕べになれば帰って眠る。咽喉《のど》がかわけば井戸をほって飲み、食べたいものは田畑にできる。おれの暮しはこんなもの、天子さまとは関係ない〉

鼓腹《こふく》して歌い、撃壌《げきじょう》して遊び、のんびりと生活を楽しんでいる老人。これでいいのだ、とうなずいて、堯《ぎょう》は帰途についたのである。

この話は、『十八史略《じゅうはっしりゃく》』にある。〈鼓腹撃壌《こふくげきじょう》〉とは、太平を楽しむさまである。

77 五里霧中《ごりむちゅう》

後漢《ごかん》の張楷《ちょうかい》は、『春秋』や『古文尚書《こぶんしょうしょ》』に通じた学者で門弟も多かったが、官職につくことをきらい、順帝《じゅん》や桓帝《かん》が詔《みことのり》をくだして出仕させようとしたが、病気を口実にしてついに仕えなかった。

張楷《ちょうかい》は、また、道術《どうじゅつ》を好み、術によって「五里霧《む》」（五里もつづく霧《きり》）をつくりだすことができた。そのころ、関西《かんせい》（函谷関《かんこくかん》の西方の地）の裴優《はいゆう》という男も「三里霧《む》」をつくることができ、張楷《ちょうかい》について学びたいと思ったが、張楷《ちょうかい》は姿をかくして会わなかったという。

この話は、『後漢書《ごかんじょ》』の「張楷伝《ちょうかいでん》」にある。〈五里霧中《むちゅう》〉とは、「五里霧《む》」の中ということで、大へんな霧《きり》のなかにあって進行方向を失うという意味であるが、転じて、心が迷ってどうしてよいかわからないという意味にも使われる。

78 細君《さいくん》

東方朔《とうほうさく》といえば、すぐれた頓智《とんち》の人として有名であるが、その朔《さく》が頓智《とんち》によって漢《かん》の武帝《ぶてい》の侍従《じじゅう》官にとりたてられた後のことである。ある夏の伏日《ふくじつ》（夏至《げし》のあとの庚《かのえ》の日）に、詔《みことのり》がくだって侍従《じじゅう》官に肉を下賜《かし》することになった。ところが、日が暮れかかったのに、肉を分配する係りの役人がこない。すると、朔《さく》は勝手に剣を抜いて肉を切り、同僚に、

「伏日《ふくじつ》は、早く退出するのが当然だ。ご下賜《かし》の品を有難《ありがた》くいただいていこう」

と言って、切り取った肉を持って帰ってしまった。分配係りの役人はその後でやってきて、朔《さく》の勝手な行動を帝に奏上《そうじょう》した。翌日、朔《さく》が宮廷に出仕すると、帝は、一応、朔《さく》を叱《しか》ってから、

「起《た》ちあがって、自分で自分を叱責《しっせき》してみよ」

と命じた。朔《さく》は帝にむかって、ていねいに敬礼してから言った。

「朔《さく》よきたれ、朔《さく》よきたれ。ご下賜《かし》の品を頂戴《ちょうだい》するのに許可も受けないとは、なんと無礼なことだ。剣を抜いて肉を切るとは、なんと勇壮なことだ。肉を切り取ったが多くないとは、なんと無欲なことだ。家に帰ってその肉を細君《さいくん》に贈るとは、なんと慈愛深いことだ」

帝は笑って、朔《さく》の頓智《とんち》を嘉《よみ》し（ほめたたえ）、

「自分で自分を叱責《しっせき》させたのに、叱責《しっせき》にことよせて自分を誉《ほ》めおったわい」

と言い、また酒と肉を賜《たも》うて、その細君《さいくん》に贈らせたという。

この話は、『漢書《かんじょ》』の「東方朔《とうほうさく》伝」にある。自分の妻を〈細君《さいくん》〉というのは、この頃からだと言われる。後には他人の妻をも〈細君《さいくん》〉というようになった。

79 歳月《さいげつ》は人《ひと》を待《ま》たず

〈歳月は人を待たず〉どこにでもありそうな言葉である。わかりきったような言葉である。だが、考えてみれば、人生の根底につながる言葉である。

人生　根帯《こんてい》なく
飄《ひょう》として陌上《はくじょう》の塵《ちり》の如《ごと》し
分散して風に随《したが》いて転ず
これ已《すで》に常身《じょうしん》にあらず
地に落ちて兄弟となる
何ぞ必ずしも骨肉の親のみならんや
歓《かん》を得ては当《まさ》に楽しみを作すべく
斗酒《としゅ》　比隣《ひりん》を聚《あつ》めん
盛年　重ねて来たらず
一日《いちじつ》　再び晨《あした》なり難《がた》し

時に及びて当《まさ》に勉励《べんれい》すべし
歳月は人を待たず

〈人の命は、はかなくて、風に散る路上の塵《ちり》だ。ただ無常のままにうつろうだけ。だから、生まれたものはみな兄弟になろう、血のつながりなど度外視して。もし、歓楽の機会にめぐまれたら、隣り近所があつまって楽しく飲もう。盛んなときは二度はない。機会をとらえて充実した生活をおくろう。時は人におかまいなく過ぎ去るから〉

これは、六朝《りくちょう》時代の田園詩人・陶淵明《とうえんめい》の『雑詩《ざっし》』十二首のうちの「其《そ》の一」である。淵明《えんめい》の一生は貧乏生活の連続だった。乱れた世において富貴であるのには、あまりに清廉《せいれん》であったからである。彼の詩は、田園生活や飲酒の楽しみを詠《えい》じたものが多いが、また人生そのものに思いをひそめたものも多い。ここに引いた詩もそれである。

終わりの四句だけ切りはなすと、道学先生のお説教のようになるが、詩全体を通してみると、〈歳月は人を待たず〉は、しみじみとした味をたたえている。

サ

80　先《さき》んずれば人《ひと》を制《せい》す

陳勝《ちんしょう》と呉広《ごこう》が大沢郷《だいたくきょう》で兵をあげて（陳勝《ちんしょう》・呉広《ごこう》の乱）から、秦《しん》打倒をめざして群雄が各地に蜂起《ほうき》した。そうした情勢のなかで、江東の会稽《かいけい》郡の太守《たいしゅ》（長官）であった殷通《いんとう》も挙兵を思いたった。たまたま会稽《かいけい》には、もとの楚《そ》の将軍であった項燕《こうえん》の子の項梁《こうりょう》が、甥《おい》の項羽《こうう》とともに住んでいて、有力者として人々から尊敬されていた。殷通《いんとう》は項梁《こうりょう》をまねいて挙兵の相談をもちかけた。

「いま、江西地方では、秦《しん》に反旗をひるがえすものが多い。これは天が秦《しん》を亡《ほろ》ぼそうとしているのだ。先んずれば人を制し、後れれば人に制せられる〈先んずれば人を制し、後るれば人の制するところとなる〉というではないか。わしは兵をあげて、貴公《あなた》と桓楚《かんそ》を将軍にしようと思うのだが」

項梁《こうりょう》も挙兵を考えていたのだが、まだその機会がなかった。この話をきくと、たちまちこれを利用することを思いつき、桓楚《かんそ》が逃亡中であるのを口実にして、

「桓楚《かんそ》の居所がわからないのですが、項羽《こうう》だけが知っていると申しております。ちょっと聞いてみましょう」

といつわって席をはずし、項羽《こうう》とうちあわせをしてからもどってきた。

「どうか項羽《こうう》をお召《め》しください。桓楚《かんそ》をさがしにやりましょう」

殷通《いんとう》はおうように承知した。だが、呼びいれられた項羽《こうう》は、項梁《こうりょう》のめくばせをうけると一刀のもとに殷通《いんとう》の首を斬《き》りおとした。これが、項梁《こうりょう》と項羽《こうう》の挙兵のきっかけであった。

この話は、『史記』の「項羽本紀《こううほんき》」にある。〈先んずれば人を制す〉から〈先制〉が生まれ、「先制攻撃をかける」というように使われている。

81 酒《さけ》は百薬《ひゃくやく》の長《ちょう》

前漢《ぜんかん》と後漢《ごかん》のあいだにはさまって、わずか十四年の命脈《めいみゃく》をたもった国が新《しん》であり、その皇帝が王莽《おうもう》である。その王莽《おうもう》が、塩・酒・鉄を政府の専売とさだめて天下にくだした詔《みことのり》の一節に、「それ塩は食殽《しょくこう》（穀物以外の食物）の将、酒は百薬の長、嘉会《かかい》の好（めでたい集会に欠くことのできないもの）、鉄は田農《でんのう》の本《もと》」とあり、『漢書《かんじょ》』の「食貨志《しょくかし》」に記されている。

〈酒は百薬の長〉とは、酒呑《の》みにとっては、まことに都合のいい言葉で、いまでも酔ってはこの言葉を口ずさむ人は多い。『漢書《かんじょ》』の「食貨志《しょくかし》」には、また、「酒は天の美禄《びろく》」（酒は天から賜《たま》わった貴重な封禄《ほうろく》）ともあり、わが国でも「酒は憂《うれい》の玉箒《たまぼうき》」といい、酒をたたえる言葉は多い。

因《ちな》みに、兼好法師《けんこうほうし》の『徒然草《つれづれぐさ》』には、「……百薬の長とはいへど、万の病は酒よりこそおこれ。憂《うれい》わするといへど、酔ひたる人ぞ過ぎにしうさをも思ひ出でて泣くめる。後の世は人の智慧《ちえ》をうしなひ、善根《ぜんこん》をやくこと火のごとくして、悪をまし、万の戒《いましめ》を破りて地獄におつべし。『酒をとりて人に飲ませたる人、五百生が間、手なき者に生る』とこそ、仏は説き給《たま》ふなれ」とあって、飲酒をいましめている。もっとも、兼好法師《けんこうほうし》は、すぐこの文につづけて「かくうとましとおもふ物なれど、おのづから捨てがたき折も有るべし」と記して、酒の効用をのべてはいるが、とにかく、この『徒然草《つれづれぐさ》』の文章から、「酒は百毒《ひゃくどく》の長」という言葉ができたが、この方はどういうわけかあまり使われていない。

82 左袒《さたん》

漢《かん》の高祖《こうそ》・劉邦《りゅうほう》の死後、その皇后《こうごう》の呂《りょ》后は、劉《りゅう》氏一族をおさえつけて、呂《りょ》氏一族の権勢の拡充をはかり、ついには天下を呂《りょ》氏のものにしようとした。しかし、さすがの呂《りょ》后も病気には勝てず、志《こころざし》なかばで死んだのだが、死病の床についてからも彼女は野望をすてず、軍事の権を呂《りょ》氏の掌中《しょうちゅう》に収めておこうとして、呂禄《りょろく》、呂産《りょさん》を上将軍《じょうしょうぐん》（大将軍）に任じ、北軍を呂禄《りょろく》に、南軍を呂産《りょさん》に掌握《しょうあく》させた。

一方、高祖をたすけて天下を統一し、漢《かん》室の基礎をきづいてきた重臣たちは、表面は呂《りょ》后の威《い》に伏していたが、実は劉《りゅう》氏を守ろうと決意していたのである。そして、呂《りょ》后が死ぬと、それまで酒色《しゅしょく》に溺れたかのようにふるまっていた右丞相《ゆうじょうしょう》（宰相《さいしょう》）の陳平《ちんぺい》は、太尉《たいい》の周勃《しゅうぼつ》と計《はか》って呂《りょ》氏打倒にたちあがった。まず、呂禄《りょろく》が二人の計略にかかって上将軍の印綬《いんじゅ》を返上し、北軍を周勃《しゅうぼつ》にわたしてしまった。周勃《しゅうぼつ》は北軍の兵を集めて告げた。

「漢《かん》室は、元来、劉《りゅう》氏のものである。ところが、呂《りょ》氏は劉《りゅう》氏をおさえて専横《せんおう》をきわめている。これは天下の痛恨事《つうこんじ》だ。そこで、われわれは呂《りょ》氏を誅滅《ちゅうめつ》して、天下を正常にもどそうと思う。正義を理解できずに、呂《りょ》氏につくそうとするものは右袒《ゆうたん》せよ（袒《たん》は衣を脱いで肩をあらわにする意）。正義を理解して、われわれと共に劉《りゅう》氏につくそうとするものは左袒《さたん》せよ」

これを聞くと、全軍はことごとく左袒《さたん》し、劉《りゅう》氏に尽くすことを誓った。これがきつかけになって、呂《りょ》氏一族は誅滅《ちゅうめつ》され、天下はまた劉《りゅう》氏に帰したのである。この話は、『史記』の「呂后本紀《りょこうほんき》」にある。〈左袒《さたん》〉とは、左肩をはだぬぐことであるが、この話から、味方する、同意するの意に用いられるようになった。

83 去《さ》る者《もの》は日《ひ》に以《もっ》て疎《うと》し

去る者は日に以《もっ》て疎《うと》く
来たる者は日に以《もっ》て親し
郭門《かくもん》（城郭《じょうかく》の門）を出《い》でて直視すれば
ただ見る丘と墳《はか》とを

これは、『文選《もんぜん》』にある有名な『古詩《こし》十九首』（作者不詳）のうちの、第十四首のはじめの部分である。この詩全体としては人生の無常をうたっている。〈去る者は日に以《もっ》て疎《うと》し〉は、〈去る者は日々に疎《うと》し〉ともいい、死者が日がたつにつれて忘れ去られる意、および、親交を結んでいたものも離れて生活するようになると、心ならずも疎遠《そえん》になるという意味である。

84　三十六計《さんじゅうろっけい》逃《に》ぐるにしかず

南北朝時代、南朝の斉《せい》の第六代皇帝、廃帝《はいてい》・東昏侯《とうこんこう》のときのことである（第六代皇帝とはいっても、初代の高《こう》皇帝が前朝の宋《そう》にかわって建国してから、まだ約二十年しかたっていなかった）。東昏侯《とうこんこう》は、太子のころから学問を好まず、即位してからも政治には不熱心で、ただお気に入りのつまらぬ臣下だけを親信して、しばしば大切な大臣を誅殺《ちゅうさつ》するようなありさまだった。それで、後には人民に弑殺《しいさつ》されたのだが、まず、王敬則《おうけいそく》が叛旗《はんき》をひるがえした。王敬則《おうけいそく》は宋《そう》を亡《ほろ》ぼすのに功績があり会稽《かいけい》郡の長官になっていたが、東昏侯《とうこんこう》にあいそをつかしたわけである。叛軍《はんぐん》が都に攻めのぼってくると、ある人がその陣容をみて、王敬則《おうけいそく》は逃げだすだろうと東昏侯《とうこんこう》に告げた。このことを耳にして王敬則《おうけいそく》は言った。

「あの檀《たん》公は、いろいろの戦術をつかったが、逃げるのを最大の策としたそうだ〈檀《たん》公の三十六策、走ることこれ上計《じょうけい》〉。東昏侯《とうこんこう》父子こそ、いそいで逃げたらいいんだ」

しかし、戦争の結果は叛軍《はんぐん》の敗戦におわり、王敬則《おうけいそく》は首きられたのである。この話は、『斉書《せいしょ》』の「王敬則《おうけいそく》伝」にある。

檀《たん》公とは、斉《せい》のまえの宋《そう》につかえた名将である。当時、北方では魏《ぎ》の勢力が強大であったが、檀《たん》公はその勢力に抗して宋《そう》を維持した。しかし、宋《そう》の文《ぶん》皇帝の時代に、讒言《ざんげん》にあって殺された。その後、魏《ぎ》軍が南下して宋《そう》を蹂躙《じゅうりん》したとき、文《ぶん》皇帝は石頭《せきとう》城にあって、はるかに北方を望み、

「もし、檀《たん》公が健在だったら、胡馬《こば》がこんなにまで改めこんでくることはなかったろうに」

と嘆いたという。

〈三十六計逃《に》(遁《に》)ぐるにしかず〉は、「王敬則伝《おうけいそく》」の「三十六策、走ることこれ上《じょう》計《けい》」からでた。『冷斎夜話《れいさい》』には「三十六計、走るを上計となす」とある。いずれにしても、あれこれと計画するより、戦いの渦中に入らずに、逃げて身を全《まっと》うするのが最上の計だという意味であり、転じて、面倒なことをさけるという意味に使われる。

85 山中《さんちゅう》の賊《ぞく》を破《やぶ》るは易《やす》く、心中《しんちゅう》の賊《ぞく》を破《やぶ》るは難《かた》し

明《みん》の武宗《ぶそう》の時代は、賊徒《ぞくと》が天下にはびこった時代であった。正徳《せいとく》十一年(一五一六年)、一世の大学者・王陽明《おうようめい》は、かねてから彼の英才に目をつけていた兵部尚書《へいぶしょうしょ》(軍

事担当大臣）の王瓊《おうけい》に推《お》されて、江西・福建方面の賊徒《ぞくと》の討伐《とうばつ》におもむいた。

陽明《ようめい》は、まず贛《こう》州（江西省）に本拠をおいて、治安を強化するとともに討伐《とうばつ》の準備をすすめ、それから約一年半のあいだ、あらゆる手段をつくして奔走《ほんそう》した。ところで、陽明《ようめい》は単に武力をもって賊徒《ぞくと》を強圧しようとしたのではない。「良知《りょうち》」による人間の救いを確信して、賊徒《ぞくと》の心のなかに眠っている「良知」をめざめさせ、帰順《きじゅん》させることにも非常な努力をはらったのである。また、いかなるときでも学問的思索をつづけ、門人の教導に心をくばった。

「山中の賊《ぞく》を被《やぶ》るは易《やす》く、心中の賊《ぞく》を被《やぶ》るは難《かた》し。区々たる鼠竊《そせつ》（小盗人）を翦除《せんじょ》（退治）するは、なんぞ異《い》となすにたらん。もし、諸賢（諸君）心腹の寇《あだ》を掃蕩《そうとう》し、もって廓清《かくせい》平定の功をおさむれば、これ、まことに、大丈夫《だいじょうぶ》、不出の偉績《いせき》なり」

これは有名な言葉であるが、正徳《せいとく》十二年に横水《おうすい》（江西省）の賊徒《ぞくと》を討伐《とうばつ》していたときに、その第一線から楊仕徳《ようしとく》という門人に寄せた書中にあり、『陽明《ようめい》全書』に収められている。

〈山中の賊《ぞく》を被《やぶ》るは易《やす》く、心中の賊《ぞく》を被《やぶ》るは難《かた》し〉は、いまではその後半だけを、たとえば、

「かるく一杯のつもりだったのに、つい深夜まで飲んでしまってね。まだあの仕事お

わらないんだ。まったく〝心中の賊《ぞく》を被《やぶ》るは難《かた》し〟だよ」などと使うことが多い。
「心中の賊《ぞく》」とは、私心とか悪心の意である。

86 歯牙《しが》に懸《か》くるに足《た》らず

秦《しん》の二世皇帝の元年、陳勝《ちんしょう》と呉広《ごこう》が農民軍をひきいて反旗《はんき》をひるがえした。二世皇帝はその知らせをうけると、博士たちを召《め》して対策をねった。博士たちは、みな、これを反乱軍と認め、ただちに兵を発して鎮定《ちんてい》すべきだと主張した。二世皇帝は顔いろをかえた。

反乱軍といえば皇帝たる自分に弓をひくものであり、そんな不埒者《ふらちもの》がいることを博士たちが認めていることで、自尊心を傷つけられたからである。二世皇帝のそうした様子をみてとって、叔孫通《しゅくそんとう》がすすみでて言った。叔孫通《しゅくそんとう》は薛《せつ》（山東省）の人で、学問に通じているという理由で秦《しん》に召され、かりに博士のなかにおかれていたのである。

「みなさんの主張はあやまりです。いまや天下は統一され、上には英明な皇帝がおられ、下には法令がゆきわたっており、人々は善政に安んじております。反乱などの起る道理がありません。陳勝《ちんしょう》らはこそどろの類いで、問題にするまでもありません

〈これただに群盗鼠竊狗盗《ぐんとうそせっくとう》なるのみ、なんぞこれを歯牙《しが》の間に置くに足《た》らん〉。ほっておいても、間もなく平らげられましょう」

二世皇帝は非常によろこんで、叔孫通《しゅくそんとう》に物品を賜《たま》い、博士に任じたが、じつは、叔孫通《しゅくそんとう》はすでに秦《しん》の滅亡を予知して、逃げだす算段をしていたのである。

この話は、『史記』の「劉敬《りゅうけい》・叔孫通《しゅくそんとう》列伝」にある。〈歯牙《しが》に懸《か》くるに足《た》らず〉は、〈歯牙《しが》の間に置くに足《た》らず〉から変わった。「歯牙《しが》」は、いうまでもなく歯と牙《きば》で、言葉のはしの意。〈歯牙《しが》に懸《か》くるに足《た》らず〉〈歯牙《しが》の間に置くに足《た》らず〉は、つまり、言葉のはしに取りあげるにも足りないことで、とりたてて言うほどのことでもない、問題にするまでもないという意味である。

87 死屍《しし》に鞭《むち》うつ

楚《そ》の平《へい》王の太子を建《けん》といい、建《けん》のお守り役が伍奢《ごしゃ》と費無忌《ひむき》であった。平《へい》王は建《けん》のために秦《しん》の公女をめとろうとして、費無忌《ひむき》を秦《しん》におくった。費無忌《ひむき》は秦《しん》の公女が絶世の美人であるのを見て、これを平《へい》王自身にめとらせ、建《けん》には別に妃《きさき》をまねくように工作した。こうしたことがあった後、費無忌《ひむき》は建《けん》のもとを去って平《へい》王に仕えたが、建《けん》の時代になったら自分が殺されるのではないかと恐れて、建《けん》が謀反《むほん》をたくらんでいると平王《へい》に讒言《ざんげん》した。平王《へい》はこれを信じて、伍奢《ごしゃ》を召しよせて訊問《じんもん》した。伍奢《ごしゃ》はそれが讒言《ざんげん》であることを力説したが、平王《へい》は信ぜず、伍奢《ごしゃ》の二人の子、尚《しょう》と子胥《ししょ》をもおびきよせて、父子もろともに殺そうとした。そして、建《けん》には別に討手《うって》をさしむけた。伍《ご》尚《しょう》は召しに応じて父とともに殺されたが、伍子胥《ごししょ》は父兄の恨みをはらすことを誓って逃亡した。

楚《そ》から逃亡した伍子胥《ごししょ》は、はじめは建《けん》にしたがって宋《そう》から鄭《てい》へおもむいたが、鄭《てい》で建《けん》が死ぬと、その子の勝《しょう》をつれて呉《ご》に走った。そして、公子光《こう》のもとに身をよせて、平王《へい》に復讐する機会をうかがった。ところが、その機会がないうちに、楚《そ》の平王《へい》が死んだ。その後、呉《ご》では公子光《こう》が王位についた。これが呉《ご》王闔閭《こうりょ》である。闔閭《こうりょ》は伍子胥《ごししょ》とともにしばしば楚《そ》を攻めたが、即位して九年目に、ついに楚《そ》の都の郢《えい》にまで攻めこんだ。伍子胥《ごししょ》は郢《えい》に入ると、平王《へい》の墓をあばき、その死屍《しし》をひきずりだして、これを三百回鞭《むち》うち、父兄の恨みをはらしたのである。

この話は、『史記』の「伍子胥《ごししょ》列伝」にある。〈死屍《しし》に鞭《むち》うつ〉伍子胥《ごししょ》は、ほんものの死屍《しし》を鞭《むち》でうったのであるが、この言葉は、故人を非難するという意味に用いられる。

88 子孫《しそん》の為《ため》に産業《さんぎょう》を立《た》てず

漢《かん》の宣《せん》帝の元康《げんこう》三年、太子のお守り役であった疎広《そこう》が、兄の子で、おなじく太子のお守り役であった疎受《そじゅ》とともに、辞職を願いでた。宣《せん》帝はこれを聴許《ちょうきょ》して、それまでの労をねぎらって黄金を下賜《かし》した。二人は郷里に帰ると、しばしばその黄金で酒席をもうけ、一族のものや旧友を招待して楽しく飲みあかした。そして、子孫のために財産を残そうとしなかった〈子孫の為《ため》に産業を立てず〉。「賢明な人でも、財産が多いと向上しようとする志《こころざし》を失ってしまう。愚《おろ》かものが多くの財産をもっていると、過失をかさねるばかりである。かつまた、富裕であることは、衆人に怨《うら》まれるもとである。われわれは、子孫に、過失をかさねたり、人から怨《うら》まれたりはさせたくないのだ」

これが二人の言い分であった。

この話は、『十八史略《じゅうはっしりゃく》』にある。〈子孫の為《ため》に産業を立てず〉、わが国では、西郷南洲《さいごうなんしゅう》がこれを〈児孫《じそん》の為《ため》に美田《びでん》を買《か》わず〉といいかえている。それは、いままでも「彼の父親はえらかった。たいへんな財産家だったのだが、彼をきびしく躾《しつ》け、死ぬまえには財産のほとんど全部を公共事業に寄付した。〝児孫《じそん》の為《ため》に美田《びでん》を買《か》わず〟を地でいったのだ。彼が立派な人物になったのはそのおかげだよ」というように使われる。

89　死中《しちゅう》に活《かつ》を求《もと》む

〈死中に活を求む〉とは、窮地《きゅうち》に立って活路をさがし求める意であり、『後漢書《ごかんじょ》』の「岑苓伝《しんれいでん》」の「男子まさに死中に活を求むべく、坐《ざ》して窮《きゅう》すべけんや」——男子たるものは、当然、死中に活を求むべきであり、便々《べんべん》（いたずらに時を過ごすさま）として窮境《きゅうきょう》に身をおくべきではない——からでた言葉である。『晉書《しんじょ》』の「呂光載記《りょこうさいき》」には、同義の言葉として〈死中に生を求む〉とあるが、この方はあまり使われないようだ。

90　自暴自棄《じぼうじき》

『孟子《もうし》』につぎのような言葉がある。

自暴（みずからそこなう）の者とは、ともに語ることはできない。自棄（みずからすてる）の者とは、ともに行動することはできない。本来、人間の性は善であり、仁《じん》義道徳《ぎどうとく》こそ人間が生まれながらにして、天からあたえられたものであるのに、口をひらけば仁義をそしる者を「自暴」といい、また、仁義道徳の大切なことを知っていながら、それは自分には手のとどかぬものとあきらめて、仁に身をおくことも、義によって行動することもできないとする者を「自棄」という。仁こそは人の生まれながらの安らかな住居であり、義こそは人の踏むべき正道である。その安らかな住居に身をおかず、正道をすてて歩かない。哀《かな》しいではないか。

〈自暴自棄〉は、これからでた。いまは、やけになる意に使われる。

91 四面楚歌《しめんそか》

久しいあいだ劉邦《りゅうほう》（後の漢《かん》の高祖《こうそ》）と天下を争った楚《そ》王項羽《こうう》にも、いよいよ最後のときがきた。それは、劉邦《りゅうほう》が漢《かん》王となってから五年目のことである。項羽《こうう》の楚《そ》軍は垓下《がいか》（安徽《あんき》省）に陣をかまえていたが、たびかさなる敗戦のために兵力は少なく、食糧も欠乏していた。漢軍《かんぐん》は幾重《いくえ》にも楚軍《そぐん》を包囲していた。そうしたある夜、漢軍《かんぐん》のあちこちから歌声がおこった。それは楚《そ》の歌で、次第に高まって楚軍《そぐん》の四面をつつんだ。これは漢《かん》の智将張良《ちょうりょう》の計略だった。

張良《ちょうりょう》は、すでに漢軍《かんぐん》に下った楚《そ》の九江《きゅうこう》（地名）の兵を四方に配置し、楚《そ》の歌をうたわせて楚軍《そぐん》の戦意をそいだのである。計略は図にあたった。楚軍《そぐん》の兵士は故郷の歌を聞いて、なつかしさのあまりに戦意を失い、ひとり、ふたりと脱落していった。さすがの項羽《こうう》でさえも、大いに驚いて言った。

「漢《かん》は、すでに楚《そ》の地全体を手に入れたのだろうか。漢軍《かんぐん》のなかにばかに楚人《そひと》が多いではないか」〈夜、漢軍《かんぐん》の四面みな楚歌《そか》するを聞き、項王《こうおう》すなわち大いに驚きて曰《いわ》く、「漢《かん》、みなすでに楚《そ》を得たるか、これ何ぞ楚人《そひと》の多きや」と〉。

こうして、項羽《こうう》はついに死を決意し、

力　山を抜き（抜山《ばつざん》）　気は世を蓋《おお》う（蓋世《がいせい》）
時　利あらず　騅《すい》（項羽《こうう》の愛馬）逝《ゆ》かず
騅《すい》の逝《ゆ》かざる　いかんすべき
虞《ぐ》や虞《ぐ》や　若《なんじ》をいかんせん

と歌って、最愛の虞美人《ぐびじん》とも別れ、烏江《うこう》のほとりでみずから首をはねたのである。この話は、『史記』の「項羽本紀《こううほんき》」にある。〈四面楚《そ》歌〉は、この話からでた。敵に囲まれてひとりぼっちでいること、ひとりの味方もないことの意である。

92 柔《じゅう》よく剛《ごう》を制《せい》す

柔弱を剛強より尊《たっと》ぶ考え方は、おそらく老子《ろうし》が元祖であろう。『老子《ろうし》』の書中には柔弱の語がしばしばでてくるが、最《もっと》もわかりやすいのは、「弱の強に勝ち、柔の剛に勝つは、天下知らざることなくして、能《よ》く行うことなし」であろう。この場合、老子《ろうし》は柔弱の代表として水をあげている。

「天下の柔弱は水に過ぐるはなし、而《しこう》して堅強《けんきょう》を改むるものは、これによく勝つなし」がそれである。その意味は、水は方円《ほうえん》（四角と丸）の器にしたがうほどに柔軟であり、一つの小石にぶつかっても流路をかえねばならないほど弱々しいが、時としては大船を覆《くつがえ》し、大石を漂わせ、高陵《こうりょう》を池に化するはたらきをする。すなわち、堅強に勝つ点においては水にまさるものはないということである。これらを通して老子《ろうし》が言いたいことは、要するに人為的なもの（剛強）は自然（柔弱）にかなわないから、人は人為をすてて無為自然《むいしぜん》にかえれということであろう。

柔弱・剛強は、言葉としては『三略《さんりゃく》』や『黄石公書《こうせきこうしょ》』にうけつがれて、〈柔よく剛を制し、弱よく強を制す〉〈柔よく剛に勝ち、弱よく強に勝つ〉になった。屈強で手におえない暴れ者が、愛らしい美女にころりとまいる情景を想像していただけば、この言葉の意味がよくわかるだろう。

93 守株《しゅしゅ》（株《かぶ》を守《まも》る）

宋《そう》の国の百姓が田地《でんち》をたがやしていた。田地のなかに木の切り株があった。どこからか兎《うさぎ》が走りでてきて、その切り株にぶつかり、頸《くび》を折って死んだ。思いがけなく兎を手に入れた百姓は、それからというもの、耒《すき》をすてて切り株を見張り、また兎を手に入れようとした。しかし、兎はふたたび現われず、田地は荒れほうだいに荒れて、その百姓は国中の笑いものになってしまった。

この話は、『韓非子《かんぴし》』の「五蠹篇《ごと》」にあり、わが国でもよく知られている。北原白秋《きたはらはくしゅう》の「待ちぼうけ」は、この話を童謡にしたものである。旧習《きゅうしゅう》にとらわれて、変通《へんつう》——時世《じせい》の変化を知らず、したがって、それに適応できないこと、これが〈守株《しゅしゅ》〉である。

余談ではあるが、周《しゅう》代の話で、この百姓のような「まぬけ」の類《たぐい》が登場する場合、〝宋人《そうじん》〟としてあることが多い。宋《そう》は、周《しゅう》が亡《ほろ》ぼした殷《いん》の後裔《こうえい》の国であり、周《しゅう》人からみれば異民族の国であった。つまり、異民族なるが故《ゆえ》に軽侮《けいぶ》して、「まぬけ」の代表を宋《そう》人と規定したととれるのである。昔も今も、異民族の問題には抜きがたい感情が含まれているといえよう。

94 首鼠両端《しゅそりょうたん》

漢《かん》の景《けい》帝のとき、灌夫《かんぷ》将軍のおこした事故をめぐって、竇嬰《とうえい》と田蚡《でんぷん》がはげしく対立した。二人とも皇室につながる家柄の出身であり、有能の士でもあったので、官位その他について競争する立場にあったのが、このとき爆発したといえよう。とにかく、竇嬰《とうえい》は灌夫《かんぷ》を弁護し、田蚡《でんぷん》は攻撃したのである。二人は、重臣たちのなみいる前で、景《けい》帝に直接にそれぞれの主張を訴えた。景《けい》帝は二人の言い分のどちらが正当であるか判断しかねて、御史大夫《ぎょしたいふ》（検察庁長官）の韓安国《かんあんこく》にたずねると、

「どちらにも理がございます。ただ陛下《へいか》の英明なお裁《さば》きを仰ぐほかはございません」という答えだった。帝は、さらに他の重臣たちにたずねたが、やはり同じような返答であった。そこで、評定《ひょうじょう》は一応うちきられた。田蚡《でんぶん》は退出すると、韓安国《かんあんこく》をよびつけてなじった。

「おまえと一緒に、あの禿《はげ》おやじをやっつけてやろうと思ったのに、どうして、どっちつかずの返事をしたのだ〈何ぞ首鼠両端《しゅそりょうたん》を為《な》すや〉」

その後、この争いは、とにかく田蚡《でんぶん》の勝利で終わった。

この話は、『史記』の「魏其《ぎき》・武安侯《ぶあんこう》列伝」にある。〈首鼠両端《しゅそりょうたん》〉は、疑いぶかい鼠《ねずみ》が穴から首をだして観望《かんぼう》し、進退を決しかねているさまを形容した言葉で、日和《ひより》見《み》という意味である。

わが国の「洞ヶ峠《ほらがとうげ》」に通ずる。「洞ヶ峠」は、天正十年の山崎の合戦のときに、筒《つつ》井順慶《いじゅんけい》がここに陣どって、羽柴《はしば》方につこうか明智《あけち》方につこうかと形勢を観望したことから、日和見《ひよりみ》の意に転じ、「洞ヶ峠をきめこむ」などと使われる。

95 春秋《しゅんじゅう》に富《と》む

〈春秋〉とは、ここでは年齢の意である。『史記』の「斉悼恵王世家《せいとうけいおうせいか》」には、「皇帝、春秋富み、いまだ天下を治むること能《あた》わず」とある。これは「これからさき春秋が沢山《たくさん》ある」ということで、年わかい意。この言いかただと「春秋長し」ともいう。『後漢書《ごかんじょ》』の「楽恢伝《がくかいでん》」には、「陛下《へいか》、春秋に富み、大業《たいぎょう》を纂承《さんしょう》す」とある。これは「多くの春秋を所有している」ということで、意味はおなじである。〈春秋富む〉〈春秋に富む〉の反対が「春秋高し」で、年老いた意である。いまでは、ほとんど「春秋に富む」だけが使われているようだ。

96 小人間居《しょうじんかんきょ》して不善《ふぜん》をなす

〈小人間居《かんきょ》して不善をなす〉は『大学』にある言葉で、「君子《くんし》は必ずその独《ひと》りを慎《つつし》む」と対《つい》をなしている。「君子」とは人間的に相当できあがった人であり、それに対して、「小人」とは修養《しゅうよう》などには目もくれぬ、つまらない人である。「間居」とは独りでいること、つまり他人の目のとどかないところということである。

　他人の目のとどくところでは、人は、あるいは表面をかざるかも知れない。したがって、人の本性をとらえるには、その「間居」においてでなければならない——これが二つの言葉にひめられている洞察であろう。
いまでは、〈小人間居して不善をなす〉は「ひまがあるとろくなことをしない」という軽い意味で、「では、留守番をたのむよ、〝間居して不善を〟しないように」などのように使われている。

97 小人玉《しょうじんたま》を懐《いだ》いて罪《つみ》あり

春秋時代のことである。虞《ぐ》という小国に欲ばりの君主（虞《ぐ》公）がいて、その弟の虞《ぐ》叔《しゅく》が名玉《めいぎょく》をもっていた。虞《ぐ》公はその名玉がほしくてたまらず、譲《ゆず》ってくれと弟にたのんだが、虞叔《ぐしゅく》はきかなかった。しかし、その後、虞叔《ぐしゅく》は、「周《しゅう》の諺《ことわざ》にも『匹夫《ひっぷ》罪なし、璧《たま》を懐《いだ》くはその罪なり』（賤《いや》しい男には、はじめから罪があるわけではない。ただ分不相応《ぶんふそうおう》な宝玉をもっていると、身を亡《ほろ》ぼすような禍《わざわい》にあうことになる）とある。この名玉は、もっていても無駄だ。災難を招くだけだろう」

と思いなおして、それを兄に献上した。すると、虞《ぐ》公はつぎに弟の宝剣を要求した。そこで、虞叔《ぐしゅく》は、

「これはいけない。兄は満足を知らないのだ。この調子だと、いまに生命もよこせと言ってくるだろう」

と考えて、逆に兄を攻めた。虞《ぐ》公は国外へ出奔《しゅっぽん》した。

この話は、『春秋左氏《さし》伝』にある。〈匹夫《ひっぷ》罪なし、璧《たま》を懐《いだ》くはその罪なり〉から、〈小人罪なし、玉を懐いて罪あり〉にかわり、それがつまって〈小人玉を懐いて罪あり〉になった。

98 小心翼々《しょうしんよくよく》

仲山甫《ちゅうざんぽ》の徳たる
柔嘉《じゅうか》にして則《のり》あり。
儀《ぎ》を令《よ》くし色を令《よ》くし
小心翼々《しょうしんよくよく》たり。
古《いにしえ》の訓《みち》にこれ式《のっと》り
威儀《いぎ》にこれ力《つと》め
天子もこれ若《したが》い

明命《めいめい》を賦《し》かしむ。

〈仲山甫《ちゅうざんぽ》の徳は偉大である。のびやかで、しかも筋がとおっている。その徳は、態度や顔色にもあらわれて、慎《つつし》みぶかくすみずみまでゆきとどいている。ひたすらに古《いにしえ》の道にのっとって、いよいよ威儀《いぎ》ただしく、天子もいつとはなしにその好影響をうけて、明らかな法令をおのずと世にしくのである〉

これは、『詩経』の「大雅《たいが》・蒸民《じょうみん》」の詩の一節である。仲山甫《ちゅうざんぽ》とは、周《しゅう》の宣《せん》王のときのすぐれた大臣で、この詩は、その仲山甫《ちゅうざんぽ》の徳を、おなじく周《しゅう》王朝の賢臣《けんしん》であった尹吉甫《いんきっぽ》がたたえたものである。

〈小心翼々《しょうしんよくよく》〉という言葉は、この詩では、慎《つつし》みぶかく、些細《ささい》なことにまで気をくばるという意味に使われているが、その後、「彼は、いつも世評を気にして、〝小心翼々〟としている」のように、気が小さくてびくびくしているという意味に用いられるようになった。

99 少年老《しょうねんお》い易《やす》く学成《がくな》り難《がた》し

少年老い易《やす》く学成り難《がた》し
一寸《いっすん》の光陰軽《こういんかろ》んずべからず
未《いま》だ覚《さ》めず池塘《ちとう》（池のつつみ）春草の夢
階前《かいぜん》の梧葉《ごよう》すでに秋声

これは、宋《そう》の碩学《せきがく》（学問の広く深い人）・朱子《しゅし》の『偶成《ぐうせい》』と題する詩である。朱子《しゅし》は、いわゆる宋《そう》学の掉尾《ちょうび》（最後）の巨星として『窮理居敬《きゅうりきょけい》』を樹立した学者であるが、その学風は、小成に安《あ》んぜず、たんねんに積みかさねて大成を期したものだけに、ゆるぎなく学問に精進する尊《とうと》さを痛感していたのであろう。

池のつつみの春草の上でむすんだ夢がまだ覚《さ》めやらぬうちに、階《きざはし》のまえの梧桐《ごとう》の葉は落ちて秋をつげる。そのように時の経過ははやい。限りある人生をもって無限の真理にたちむかうとき、〈少年老い易《やす》く学成り難《がた》し〉の嘆《なげ》きは深い。

シ

100　食指動く《しょくしうごく》

春秋時代のことである。鄭《てい》の霊《れい》公の元年、公子の子宋《しそう》と子家《しか》が霊《れい》公に会おうとして支度《したく》をしていると、子宋《しそう》の食指（人さし指）がひとりでに動いた。子宋《しそう》が子家《しか》に言った。

「この指がこうなると、いつも旨《うま》いものが食べられるのだ」

御殿《ごてん》につくと、料理人が楚《そ》の国から贈られてきた黿《げん》（大きなすっぽん）を料理していた。二人は顔を見合せて微笑した。霊《れい》公がそのわけをきくと、子家《しか》がありのままを話した。すると、霊《れい》公はいたずら気をおこして、子宋《しそう》にだけ黿《げん》を食べさせないようにした。子宋《しそう》は怒って、黿《げん》の鍋に指をつっこんでなめ、さっさと帰ってしまった。このことを知ると、霊《れい》公も怒って子宋《しそう》を殺そうとしたが、子宋《しそう》は先手をうって子家《しか》をだきこみ、霊《れい》公を弑殺《しいさつ》（主君を殺すこと）した。

この話は、『春秋左氏伝《さし》』にある。〈食指動く〉は、食欲がおこること、また、食物以外でも物事に欲望を感ずることの意。〈食指を動かす〉もよく用いられる。

101 助長《じょちょう》

むかし、宋《そう》の国に百姓がいた。畑に苗《なえ》をうえたが、どうもその伸びがおそい。そこで、ある日、はやく伸びるようにと思って、苗を一本ずつ手でひき抜いた。そして、帰ってきて家人に言った。

「今日は疲れたよ。なにしろ、苗がはやく大きくなるようにひき伸ばしてやったからな〈われ、苗を助けて長ぜしむ〉」

息子があわてて畑に行ってみると、苗は枯《か》れていた。

これは、孟子《もうし》が「浩然《こうぜん》の気」の養成法を説くのに援用《えんよう》したおはなしである（『孟子《もうし》』の「公孫丑《こうそんちゅう》篇」、98ページ参照）。孟子《もうし》は、このおはなしにつづいて、

「世の中には、浩然《こうぜん》の気を養う場合に、この百姓が苗を助長してやろうとした方法をとるものが多い。もっとも、浩然《こうぜん》の気など養っても無益だとして、はじめからその養成を問題にしないものもあり、それは、苗をうえて除草もしてやらないようなもので、勿論《もちろん》よくない。しかし、助長するのは、じつは苗をひき抜いてしまうことで、苗にとって益がないだけでなく、かえって有害である。そのような方法をとれば、浩然《こうぜん》の気

を養成するどころか、根本から枯渇《こかつ》させてしまうのだ」

と言っている。

〈助長〉は、この話からでた。したがって、むりに物事の速成《そくせい》をねがって、かえって駄目《だめ》にしてしまうというのがもとの意であるが、いまでは、「そこが君の美点なのだ。もっと〝助長〟したらいいよ」のように、文字どおり「助け長ずる」という意味に使っている。

102 脣歯輔車《しんしほしゃ》

春秋時代、斉《せい》の桓《かん》公が覇者《はしゃ》として世にときめいていたころ、晋《しん》では献《けん》公が位についていた。献《けん》公は、一面においては好色で困った君主であったが、その反面、着々と近隣の小国を併呑《へいどん》（勢力下に入れること）して、きたるべき晋《しん》の隆盛の基礎を築いた君主でもあった。その献《けん》公が虢《かく》（国名）を伐《う》ったときのことである。晋《しん》から虢《かく》に攻めこむには虞《ぐ》を通るのが便利だったので、道路の借用を虞《ぐ》に申しこんだ。虢《かく》と虞《ぐ》はともに小国であり、たがいに助けあってきた仲だったので、虞《ぐ》の宮之奇《きゅうしき》という賢臣《けんしん》が、断然ことわるべきだとして虞《ぐ》公を諌《いさ》めた。

「虢《かく》と虞《ぐ》は一体です。虢《かく》が亡《ほろ》びれば虞《ぐ》も亡《ほろ》びましょう。『輔車《ほしゃ》あい依《よ》り、脣亡《しんほろ》ぶれば歯寒し』（車の両わきにある添え木と車とは一つになって荷を運び、脣《くちびる》がなくなれば歯が寒い）と申しますが、それは、そのまま虢《かく》と虞《ぐ》の関係にあてはまります。晋《しん》に道をかすなど、とんでもありません」

しかし、虞《ぐ》公はこれを聴きいれなかった。晋《しん》は虞《ぐ》を通って虢《かく》を亡ぼし、その帰りに虞《ぐ》も亡ぼしてしまった。

この話は、『春秋左氏《さし》伝』にある。脣歯輔車《しんしほしゃ》とは、〈輔車《ほしゃ》あい依《よ》り、脣亡《しんほろ》ぶれば歯寒し〉からでた言葉で、互いに助けあって離れがたい関係にある意。「君と僕は脣歯輔《しんしほ》車《しゃ》の関係だ」というように使う。また、〈脣亡ぶれば歯寒し〉は、一国が亡びると隣国もあぶない、というたとえに使う。

103　人生意気《じんせいいき》に感《かん》ず

『唐詩選《とうしせん》』の巻頭におかれている魏徴《ぎちょう》の『述懐《じゅっかい》』の一句。『述懐』は、かなり長い詩であるが、終わりは次のように結ばれている。

人生意気に感ず
功名《こうみょう》誰かまた論ぜん

魏徴《ぎちょう》は、後には唐《とう》の太宗《たいそう》（第二代皇帝）を佐《たす》けた元勲《げんくん》として有名であるが、この詩は、まだ高祖《こうそ》につかえて名もないころの作である。山東《さんとん》の強敵の討伐《とうばつ》を志願したところ高祖に聴許《ちょうきょ》されて、感激して出陣した心境をうたっている。それは、「中原《ちゅうげん》また鹿をおう」で始まり、行軍の苦難を叙《じょ》し、それにもめげず邁進するのは、微々《びび》たるおのれを信じて登用してくれた高祖の恩に報いるためだ、と歌いあげている。

人生意気に感ず――功利にのみ走る世相の中にあって、爽快《そうかい》の気にふれる言葉ではないか。

104 人生七十《じんせいしちじゅう》、古来稀《こらいまれ》なり（古稀《こき》）

唐《とう》の大詩人・杜甫《とほ》の『曲江《きょくこう》二首』と題する二首目の詩の一句。この詩の趣旨《しゅし》は、時間に限りある人生を春景色《はるげしき》とともに楽しく流転《るてん》しようという点にあるが、その前半は次のとおりである。

朝《ちょう》より回《めぐ》りて日々に春衣《しゅんい》を典《てん》し
毎日　江頭《こうとう》に　酔《すい》を尽《つ》くして帰る
酒債《しゅさい》　尋常《じんじょう》　行《ゆ》く処《ところ》にあり
人生七十　古来稀《まれ》なり

〈朝廷から帰ってくると、毎日、春衣《はるぎ》を質において、曲江《きょくこう》のほとりでしとどに酔ってから帰宅する。酒代の借りなどはあたりまえのことで、行くさきざきにあっても差《さし》支《つかえ》ないが、七十歳まで生きる人は、昔から稀《まれ》だ〉

七十歳を〝古稀《こき》〟というのは、この句からでたわけだが、今日《こんにち》のように平均寿命が長くなると、〝古稀《こき》の祝い〟などと言っても、実感がともなわないかも知れない。

105　人生《じんせい》は朝露《ちょうろ》のごとし

漢《かん》の武帝《ぶてい》のとき、蘇武《そぶ》は使者として匈奴《きょうど》におもむいた。匈奴《きょうど》はその使者の用件をきこうともせず、捕《とら》えてバイカル湖のほとりに幽閉《ゆうへい》し、しきりに降服を強要した。蘇武《そぶ》は断乎《だんこ》としてそれをはねのけ、食物もないままに、あるいは木の根、草の実で餓《う》えをしのぎ、あるいは鼠《ねずみ》を食ってはわずかに露命《ろめい》をつないだ。しかし、心はすこしもひるまなかった。依然《いぜん》として漢《かん》人たるの誇りを失わず漢《かん》帝の使者たるの符節《はた》（ふせつ、割り符）を手ばなさなかった。

そのころ、匈奴《きょうど》の地に、もう一人つきつめた人生をおくっている漢《かん》人がいた。李《り》陵《りょう》である。李陵《りりょう》はわずか五千の歩兵部隊をひきいて朔北《さくほく》の地ふかく攻めいり、十数倍する匈奴《きょうど》の主力部隊と遭遇《そうぐう》して、勇戦敢闘、敵の心胆《しんたん》を寒からしめた後に、部隊は全滅し、みずから矢石《しせき》にあたって失神しているところを匈奴《きょうど》に捕えられた。そして、人力をもってしてはどうすることもできない勢いのままに、匈奴《きょうど》の中で生き抜いていたのである。その李陵《りりょう》が、あるとき蘇武《そぶ》をたずねて言った。

「人間の生命は朝露《ちょうろ》のようにはかない。君は、どうして、久しい間みずからこのように苦しんでいるのか」〈人生は朝露《ちょうろ》のごとし、なんぞ久しくみずから苦しむことかくのごとき〉

この話は、『漢書《かんじょ》』の「蘇武伝《そぶでん》」にある。李陵《りりょう》のこの言葉には、人間の切々たる思いがこめられている。もちろん、それは蘇武《そぶ》にも通じたであろう。しかし、蘇武《そぶ》は態度をあらためなかった。彼は彼で、自分のつきつめた人生をつらぬこうとしたからであろう。

106 推敲《すいこう》

中唐《ちゅうとう》の詩人・賈島《かとう》は、詩をつくるのに苦心惨憺《さんたん》したことで有名である。あるとき、都の街路《まち》を驢馬《ろば》の背にゆられているうちに、「鳥は宿る池辺《ちへん》の樹」という句がうかび、それにつづくものとして「僧は敲《たた》く月下の門」という句がうかんだ。ところが、なお考えつづけていると、「僧は推《お》す月下の門」の方がよいようにも思われてきた。

〝推《お》す〟か〝敲《たた》く〟か、考えれば考えるほど迷う。もう彼は夢中である。驢馬《ろば》がどのあたりを歩いているのか、いや、驢馬《ろば》に乗っていることさえ、頭のなかにはない。〝推《お》す〟手つきをしては考える、〝敲《たた》く〟まねをしては考える、依然《いぜん》として結着はつかない。

そのうちに、驢馬《ろば》は、向うからきた大官の一行につっこんでしまった。はっと気がついたときはもう遅い。賈島《かとう》は左右から衛兵におさえられていた。しかし、幸いにも、それは名高い文人・韓愈《かんゆ》（字《あざな》は退之《たいし》）の一行だった。韓愈《かんゆ》は賈島《かとう》から事情をきき終わると、とがめだてをするどころか、しばらく馬をとどめて考えていたが、

「それほ、〝敲《たた》く〟の方がいいな」

と助言してくれた。そして、これがきっかけになって、賈島《かとう》は韓愈《かんゆ》と詩を論じ、また、文を教わるようになったのである。

この話は、『緗素雑記《しょうそざっき》』にある。〈推敲《すいこう》〉は、この話からでた言葉で、詩文の字句や内容を練りなおすという意味である。

107　過《す》ぎたるはなお及《およ》ばざるがごとし

孔子《こうし》の弟子の子貢《しこう》が、あるとき孔子《こうし》にたずねた。

「われわれの仲間の子張《しちょう》と子夏《しか》とでは、どちらがすぐれておりましょうか」

孔子《こうし》は答えた。

「子張《しちょう》は才能もたかく意欲も広大で、なかなかやりてだが、それだけに、ともすれば難事を好んで『過ぎる』きらいがある。子夏《しか》はつつしみぶかくて篤実《とくじつ》だが、それだけに規模が狭小で『及ばない』きらいがある」

子貢《しこう》は、さらにたずねた。

「では、子張《しちょう》の方がすぐれているのでしょうか」

「いや、〝過ぎたるはなお及ばざるがごとし〟さ」

中庸《ちゅうよう》の徳をたっとぶ孔子《こうし》は、過と不及をともに不可として子貢《しこう》をさとしたのである。

この話は『論語《ろんご》』の「先進篇《せんしんへん》」にある。

108 杜撰《ずさん》

「杜撰《ずさん》」という言葉がどこからでたかについては、いろいろな説があって、にわかに決定しがたい。いま、そのうちの代表的な説を二つあげてみよう。

『野客叢書《やかくそうしょ》』という書物に、「杜默《ともく》という人が詩をつくったが、その多くは規則に合わなかった。それで、物事の規格に合わないのを〝杜撰《ずさん》〟という」とある。

また、『湘山野録《しょうざんやろく》』には、「『道蔵《どうぞう》』五千余巻のうち、道徳経二巻だけが本物で、その他はすべて蜀《しょく》の杜光庭《とこうてい》（唐《とう》の天台山《てんだいさん》の道士《どうし》）の撰《せん》で信用できない。それ故《ゆえ》に〝杜《ず》撰《さん》〟という」とある。『道蔵《どうぞう》』とは、仏教の大蔵経《だいぞうきょう》に似せてつくった道教の経典である。

〈杜撰〉は「とせん」ではなく「ずさん」と読む。あやまりの多い文書・著作、文章の典拠《てんきょ》のあやしいこと、または、そまつとか、ぞんざいという意味に使われる。「この調査書はいくらなんでも〝杜撰《ずさん》〟だよ、もう一度書きなおしたまえ」「それは〝杜《ず》撰《さん》〟な計画だね」のように使う。

109　掣肘《せいちゅう》

孔子《こうし》の弟子の宓子賤《ふくしせん》は魯《ろ》の哀《あい》公につかえていたが、やがて単父《ぜんほ》（地名）の長官に任ぜられた。彼は赴任するとき、哀《あい》公に願ってその側近の書記二人をともなった。いよいよ仕事をはじめるにあたって、宓子賤《ふくしせん》は部下の役人をあつめて訓辞し、中央からともなった二人の書記に記録をとらせたが、書記が書こうとすると、そのたびにその肘《ひじ》をひっぱった〈書にあたりて、すなわちその肘を掣《せい》す〉。そして、字がゆがんだり、行がまがったりすると叱《しか》りつけた。二人の書記は、これでは仕事がしにくいと腹をたてて、辞職して哀《あい》公のもとに帰った。哀《あい》公は二人の報告をきいて納得がいかず、どうしたわけか孔子《こうし》にたずねた。すると、孔子《こうし》は言った。

「宓子賤《ふくしせん》はなかなかの人物で、覇王《はおう》の補佐でもこなせる才能の持ち主です。単父《ぜんほ》の長官ぐらいでは役不足でしょうが、謹《つつし》んで君命にしたがって赴任《ふにん》したのです。さて、施政にあたって、もし、君公がつまらぬ連中の讒言《ざんげん》をおききになって、自分を牽制《けんせい》なさるようなことがあってはと心配して、それとなく君公を諫《いさ》めたのではないでしょうか」

哀公《あい》には思いあたるものがあった。それまでにしばしば宓子賤《ふくしせん》の仕事を妨害した記憶があったからである。そこで、哀公《あい》は腹心の使者を宓子賤《ふくしせん》のもとに派遣して、思いどおりに政治するよう伝達させた。その後、単父《ぜんほ》はきわめてよく治まったという。

この話は、『孔子家語《こうしけご》』にある。〈掣肘《せいちゅう》〉とは、他人の肘《ひじ》をひいて自由にさせないことであるが、転じて、他人の事に干渉してなにかと妨害するという意味に使われる。

110　席暖《せきあたたか》なるに暇《いとま》あらず

唐《とう》の韓愈《かんゆ》（字《あざな》は退之《たいし》）の『争臣論《そうしんろん》』に、つぎのような一節がある。

――むかしから、聖賢《せいけん》は、おのれの個人的な名声とか楽しみとかを問題にしなかった。世が平和におさまらずに人々が苦しむのを憐《あわ》れんで、一身の利害をかえりみず、天下全体を救済しようとして、死にいたるまで努力したのである。それ故《ゆえ》に、禹《う》（古代夏王朝の始祖）は自家の門前を通りかかっても入らずに治水に専念した。孔子《こうし》の坐《ざ》席《せき》は暖かになる暇もなく〈孔席暖《こうせきあたたか》なるに暇《いとま》あらず〉、道を天下におこなうために奔走《ほんそう》した。墨子《ぼくし》（戦国時代の思想家で墨家《ぼっか》の始祖）もかまどが黒くなるまで一カ処にとどまることなく遊説《ゆうぜい》した。彼等とて、安逸《あんいつ》が楽しいことを知らなかったわけではない。ただ天命のままに人々の困窮《こんきゅう》を悲しんだのである。

この〈孔席暖《こうせきあたたか》なるに暇《いとま》あらず〉の「孔」がとれて〈席暖なるに暇《いとま》あらず〉となり、意味も、天下のために奔走することから、精力的に活動することとか、多忙をきわめることに転化した。いまでは、「彼はたいへんな活動家だね、あれでは〝席の暖まる暇《ひま》〟もないだろう」というように使われる。

111　赤心《せきしん》を推《お》して人《ひと》の腹中《ふくちゅう》に置《お》く

劉秀《りゅうしゅう》（のちの後漢《ごかん》の始祖・光武《こうぶ》帝）が、漢《かん》室再興を志《こころざ》して兵乱の平定に奔走《ほんそう》し、はじめて一郡を掌中《しょうちゅう》におさめたころのことである。あるとき、劉秀《りょうしゅう》は地図をひらいて鄧禹《とうう》にしめし、

「天下には、こんなに多くの郡県があるが、わしは、いまその一つを握ったにすぎな

い」

と嘆くと、鄧禹《とうう》は教えさとすように答えた。

「いま、天下は乱れて人々は苦しみ、赤子《せきし》が慈母《じぼ》を慕うように明君の出現をねがっています。天下を握るには、徳の厚薄《こうはく》が問題でして、領土の大小は問題ではありません」

劉秀《りゅうしゅう》はこの言葉にうたれた。そして、その後、「銅馬《どうば》」と称する賊《ぞく》をはじめとして多くの賊を討《う》ったが、降参してきた諸将は、そのまま部将にとりたてて厚遇した。彼等のうちには、そうした劉秀《りゅうしゅう》の待遇をいぶかり、だまされるのではないかと不安に思うものもあった。しかし、劉秀《りゅうしゅう》は一向におかまいなしで、わずかな供廻《ともまわ》りで彼等が部署《ぶしょ》している陣営をみてまわった。そこで、降服者たちはみな劉秀《りゅうしゅう》に心服して、「あのかたは、ご自分のまごころを人に移して人も当然こうあるべきだと思っておられる〈赤心《せきしん》を推《お》して人の腹中に置く〉。立派なかただ。あのかたのためには、一身をささげなければならない」と誓った。こうして、劉秀《りゅうしゅう》は次第に人心を収攬《しゅうらん》し、ついに帝位についたのである。

この話は、『後漢書《ごかんじょ》』の「光武紀《こうぶき》」にある。〈赤心を推して人の腹中に置く〉は、この話からでた。なお、余談であるが、この鄧禹《とうう》が、「功名を竹帛《ちくはく》に垂《た》る」〈功績ある人物として名を歴史にとどめる〉という言葉の元祖である。

112　折角《せっかく》

漢《かん》時代のことである。五鹿《ごろく》という学者がいた。いつもいかめしく構えて人々を見くだしていたが、あるとき、朱雲《しゅうん》という人物が彼と「易《えき》」について論争して、大いにこれを論破した。すると、日ごろ五鹿《ごろく》から馬鹿《ばか》にされていた人々は、よろこんで快哉《かいさい》をさけび、

「朱雲《しゅうん》さんは剛力《ごうりき》だ。よくも傲慢《ごうまん》な鹿の角《つの》を折ったものだ」〈五鹿嶽々《ごろくがくがく》、朱雲《しゅうん》その角を折る〉

と、しゃれたという。

この話は、『漢書《かんじょ》』の「五鹿充宗伝《ごろくじゅうそうでん》」にあり、〈折角《せっかく》〉は、高慢《こうまん》の鼻をくじく意に用いられている。しかし、国語ではこの用いかたはほとんどない。「〝折角《せっかく》〟教えてやったのに、少しもおぼえない」のように、むだな骨折りの意に使われることが普通であり、また、「〝折角《せっかく》〟御自愛ください」のように、つとめての意にも使われる。

113 折檻《せっかん》

むかしの中国では、外戚《がいせき》が権を専《もっぱ》らにしたために政治上の弊害《へいがい》がおこったことがしばしばあった。漢《かん》の末期、成《せい》帝の時代にも、外戚の王《おう》氏の専横《せんおう》は目にあまるものがあり、

「ちかごろは天災や怪異な現象が多いですが、これは王《おう》氏が専横をきわめているからです」

という上書が、あちこちから朝廷にとどけられた。成《せい》帝は安昌侯張禹《あんしょうこうちょうう》を師傅《しふ》（帝を助ける高官）としていたので、なにか問題があると、いつも張禹《ちょうう》に相談して事をきめていた。このときも、帝はわざわざ張禹《ちょうう》の邸宅に行幸《ぎょうこう》し、人ばらいをして上書を張禹《ちょうう》にしめした。張禹《ちょうう》はすでに老齢であったが、その子孫はまだ弱輩だったので、へたなことを言って王《おう》氏に怨《うら》まれたら大変だと思って、

「わけのわからない連中が、つまらぬことを言っているにすぎません。お取りあげになる必要はございません」

と、事実を枉《ま》げて言上《ごんじょう》した。帝はもともと張禹《ちょうう》を信愛していたので、彼の言をき

いて王《おう》氏を疑わなかった。

　すると、槐里《かいり》（地名）の元の長官の朱雲《しゅうん》という人が、上書して成帝《せい》に謁見《えっけん》し、

「宮廷の倉庫の〝斬馬剣《ざんばけん》〟（馬を斬《き》る鋭利な剣）をいただかせてください。君側《くんそく》の奸臣《かんしん》（邪悪な心を持った家臣）をひとり首きって、見せしめにしたいと存じますので」

　と願いでた。帝が奸臣《かんしん》とは誰だとたずねると、安昌侯張禹《あんしょうこうちょうう》だという答えである。帝は大いに怒って、朱雲《しゅうん》を死刑にしようとした。御史《ぎょし》（官吏《かんり》の罪科を糾明《きゅうめい》する官）が朱雲《しゅうん》をひったてようとすると、朱雲《しゅうん》は御殿《ごてん》の檻《てすり》につかまって動こうとしない。ひきあううちに檻が折れて二人は地上に落ちた。それでも、朱雲《しゅうん》は叫んだ。

「陛下！　わたくしは、死刑にされましても、地下で関竜逢《かんりゅうほう》や比干《ひかん》（関竜逢《かんりゅうほう》は夏《か》の桀王《けつおう》の臣、比干《ひかん》は殷《いん》の紂王《ちゅうおう》の臣、ともに諫死《かんし》した人物）と交際できれば満足です。しかし、奸臣《かんしん》のはびこるわが聖朝はいかがなりましょうか」

　ときに、左将軍の辛慶忌《しんけいき》も帝の側にひかえていたが、朱雲《しゅうん》の誠心にうたれて、頭を地にうちつけて血を流し、帝を諫《いさ》めた。成帝《せい》も、さすがに朱雲《しゅうん》を死刑にすることは思いとどまった。

　この話は、『漢書《かんじょ》』の「朱雲伝《しゅうん》」にある。〈折檻《せっかん》〉は、この話の「檻《てすり》が折れた」こ

とからでた言葉で、強く諫《いさ》める意である。転じて、きびしく意見を加える意となり、さらに、せめさいなむ意に転じた。いまでは、「あの子はかわいそうに、いつも〝折檻《せっかん》〟されて生疵《なまきず》がたえない」のように、もっぱら、原義からはもっとも遠い、せめさいなむ意に用いられているようだ。

114 切磋琢磨《せっさたくま》

あるとき、子貢《しこう》が孔子《こうし》にたずねた。

「貧乏《びんぼう》でも、そのために卑屈《ひくつ》になって人に諂《へつら》うことがなく、富裕でも、そのために傲慢《ごうまん》になって人に驕《おご》りたかぶることがない、このような人物はいかがでしょうか」

「それは相当に立派な人物だ。だが、まだ貧富《ひんぷ》にとらわれているきらいがある。貧富などを超越して、貧乏でも道を楽しみ、富裕でも礼を好む人には及ばない」

すると、子貢《しこう》はすかさず言った。

「『詩経』に、『切《せっ》するがごとく、磋《さ》するがごとく、琢《たく》するがごとく、磨《ま》するがごとし（宝玉や獣骨《じゅうこつ》を細工《さいく》するときに、刀で適当な大きさに切り、やすりでこすり、のみで打ち、砥石《といし》でみがき、つぎつぎと段階を追って努力して、ついに完成する）』と

セ

ありますが、このことですか」

孔子《こうし》は子貢《しこう》の人間的な成長をほめて言った。

「子貢《しこう》よ、おまえも『詩経』をともに語ることができるようになったな、過去を告げれば未来を知りうる域に達したのだ」

この話は、『論語《ろんご》』の「学而篇《がくじ》」にある。〈切磋琢磨《せっさたくま》〉は、宝玉や獣骨の細工に関する言葉であるが、転じて、素質のある人間がたがいに励ましあって人格をみがくという意味に使われる。「磋」ほ「瑳」とも書く。

115 折衝《せっしょう》

『晏子《あんし》春秋』に「樽俎《そんそ》の間を出でずして、千里の外に折衝《せっしょう》すとは、晏子《あんし》の謂《いい》なり」とある。晏子《あんし》とは晏嬰《あんえい》（字《あざな》は平仲《へいちゅう》）のことで、春秋時代に、斉《せい》の霊《れい》公・荘《そう》公・景《けい》公につかえ、とくに景《けい》公の時代に相国《しょうこく》（宰相《さいしょう》）として活躍した賢臣《けんしん》である。当時はすでに周《しゅう》王朝の権威がゆらぎ、諸侯がたがいに攻め合う形勢にあって、外交問題もはなやかに展開されていた。晏子《あんし》は、そうした外交の場における花形であり、樽俎《そんそ》の間——酒席においての国際上の談判で、つねに斉《せい》を有利にみちびいたのである。

〈折衝《せっしょう》〉の折はくじく意、衝は突く意で、もともと、敵が突いてくるのをくじいて食いとめる意であるが、転じて国際上の談判を意味するようになり、さらに、一般に談判またはかけひきの意に用いられるようになった。〈樽俎折衝《そんそせっしょう》〉ともいうが、いまでは〈折衝《せっしょう》〉だけで使われるのが普通である。

116 戦々兢々《せんせんきょうきょう》

敢《あえ》て虎を暴《てどり》にせず
敢《あえ》て河を 馮《かちわたり》 せず
人その一を知りて
その他《ほか》を知るなし
戦々兢々《せんせんきょうきょう》として
深き淵《ふち》に臨《のぞ》むがごとく
薄き氷を履《ふ》むがごとし

これは、『詩経』の「小雅《しょうが》」にある詩であるが、この詩から、〈暴虎馮河《ぼうこひょうが》〉〈戦々《せんせん》兢々《きょうきょう》〉〈深淵《しんえん》に臨《のぞ》む〉〈薄氷《はくひょう》を履《ふ》む〉という四つの言葉がでた。

〈暴虎馮河《ぼうこひょうが》〉は、虎を素手《すで》でうちとり、大きな河を歩いてわたることで、めちゃくちゃな冒険とか命知らずの行動のたとえ。「そんなのは〝暴虎馮河《ぼうこひょうが》〟の蛮勇《ばんゆう》で、ほんとうの勇気ではない」というように使われる。

〈戦々兢々《せんせんきょうきょう》〉は本来は、びくびくとおそれ慎《つつ》しむ意であるが、ただびくびくすることの意味にも使われる。

〈深淵《しんえん》に臨《のぞ》む〉〈薄氷《はくひょう》を履《ふ》む〉はともに、おそれ慎《つつ》しむという意味。また、危険の多いたとえである。「今日のゲームはあぶなかったね、見ていても〝薄氷を履《ふ》む〟思いで、最後まで〝戦々兢々《せんせんきょうきょう》〟さ」などというふうに使われている。

この詩は、春秋時代にかかる直前のころの周《しゅう》の政治のありさまを嘆いたもので、その大意はつぎのとおりである。——虎を手どりにしたり、大河を歩いてわたるような、あきらかに危険な政治はしていない。だから、表面だけを見る人は、べつに危険を感じないだろう。しかし、心ある人は、やがてきたるべき危機を予期して、深淵《しんえん》に臨《のぞ》むような、また薄氷を履《ふ》むような思いで、おそれ慎《つつ》しんでいる。

117 創業《そうぎょう》は易《やす》く守成《しゅせい》は難《かた》し

唐《とう》の太宗《たいそう》は、いわゆる「貞観《じょうかん》の治《ち》」（中国史上もっとも良く国が治められたといわれる治世）を招来した英主であるが、あるとき近臣たちに、

「創業と守成とは、どちらがむずかしいと思うか」

と問うた。すると、房玄齢《ぼうげんれい》は、

「群雄のならびたつなかで戦い勝ち、天下の形勢を定めるのであるから、創業がむずかしい」

と答え、魏徴《ぎちょう》は、

「帝王の位は艱難《かんなん》の間に得て、安逸《あんいつ》の間に失うのであるから、守成がむずかしい」

と答えた。房玄齢《ぼうげんれい》も魏徴《ぎちょう》もともに太宗《たいそう》の〝股肱《ここう》の臣〟（もっとも頼りになる家臣）であるが、主として房玄齢《ぼうげんれい》は戦場を往来し、魏徴《ぎちょう》は治世に力を注いだので、二人の経験から解答がわかれたのである。太宗《たいそう》はそれぞれの立場を認めた上で、

「いまは、創業のときはすでに去った。今後はともに慎《つつし》んで守成に傾注しよう」

とまとめたという。

以上は、『唐書《とうじょ》』の「房玄齢伝《ぼうげんれい》」に記されている話であるが、『貞観政要《じょうがんせいよう》』の注には、「古《いにしえ》より業を創《はじ》めてこれを失うものは少なく、成るを守ってこれを失うものは多し」とあり、〈創業は易《やす》く守成は難《かた》し〉はこれからでたといえよう。〝売り家と唐様《からよう》で書く三代目〟——まことに守成は難《かた》かろう。

118 糟糠《そうこう》の妻《つま》

後漢《ごかん》の光武《こうぶ》帝に湖陽公主《こようこうしゅ》（公主は皇女のこと）という姉があった。未亡人になって、帝とともに皇宮に住んでいた。やがて、公主《こうしゅ》は宋弘《そうこう》をみそめた。宋弘《そうこう》は大司空《だいしくう》（大臣）で、重厚正直をもって知られた人物であり、もちろん妻があった。光武《こうぶ》帝は姉の心を知っていた。そして、あるとき、姉を隣室によんでおいて、宋弘《そうこう》を召《め》して雑談しているうちに、なにげなくたずねた。

「よく〝富みては交わりを易《か》え、貴《とうと》くしては妻を易《か》う〟というが、どう思うか」

すると、宋弘《そうこう》はきっぱりと答えた。

「いや、わたくしは、〝貧賤《ひんせん》の交わりは忘るべからず、糟糠《そうこう》の妻は堂より下さず〟（身分がひくく貧乏なころの友人は、いつまでも大切にして、忘れてはいけない。糟糠《そうこう》の妻は、いつまでも大切にして、家からだしてはいけない）だと思います」

さすがの光武《こうぶ》帝も、これでは姉の希望を叶《かな》えてやるわけにはいかなかった。

この話は、『後漢書《ごかんじょ》』の「宋弘《そうこう》伝」にある。〈糟糠《そうこう》の妻〉の糟《そう》は米のかす、糠《こう》はぬかで、粗末な食物のこと、そうした粗末なものを分けあって艱難《かんなん》をともにしてきた妻の意である。

119 宋襄《そうじょう》の仁《じん》

春秋時代のことである。斉《せい》の桓《かん》公の死後、宋《そう》の襄《じょう》公が覇者《はしゃ》気どりでいるとき、鄭《てい》が宋《そう》を無視して楚《そ》とよしみ（親しい交わり）を通じた。襄《じょう》公が怒って鄭《てい》を伐《う》つと、楚《そ》は大軍をおくって鄭《てい》を援《たす》けた。それを襄《じょう》公は泓水《おうすい》（川の名）で迎え撃った。はやくから陣容をととのえて待ちかまえた宋《そう》軍の眼前で、楚《そ》軍はつぎつぎと泓水《おうすい》を渡りはじめた。これを見て、襄《じょう》公の庶兄《あに》の目夷《もくい》が、

「敵は大軍、味方は小勢です。敵の陣形の乱れているいまこそ、攻撃する好機です」

と進言したが、襄《じょう》公は、

「有徳の君子たるものは、相手のすきに乗じたりはしないものだ」

と、妙に気どって取りあわなかった。そして、楚《そ》の全軍が渡河《とか》を終わり、すっかり陣形が整うのを待って攻撃を開始したが、手もなく被られてしまった。襄《じょう》公自身も股《また》に負傷し、それがもとで、翌年、病死したのである。

この話は、『春秋左氏伝《さし》』にあり、〈宋襄《そうじょう》の仁《じん》〉は、この話からでた。宋《そう》の襄《じょう》公がおこなった仁《じん》のことで、無価値の仁《じん》、無用の情の意である。

120 滄浪《そうろう》の歌《うた》

滄浪《そうろう》の歌とは、〈滄浪《そうろう》の水清《す》まば、以《もっ》てわが纓《えい》（冠の紐《ひも》）を濯《あら》うべし、滄浪《そうろう》の水濁《にご》らば、以《もっ》てわが足を濯《あら》うべし〉という歌で、滄浪《そうろう》とは漢水《かんすい》という河の下流のことである。この歌には二通りの意味があり、その一つは『孟子《もうし》』の「離婁篇《りろう》」において、他は『屈原《くつげん》』の「漁父辞《ぎょふのじ》」においてしめされている。

『孟子《もうし》』の場合。あるとき子供たちがこの歌をうたっているのを、孔子《こうし》がそれを聞いて、「おまえたちもよく聴いてごらん。水が清《す》んでいれば人は大切にすべき纓《えい》（冠の紐《ひも》）をあらうし、濁《にご》っていれば汚れた足をあらうという。福をうけるか禍《わざわい》をうけるかは、自分自身の心がけ次第なのだ」

と弟子たちに諭《さと》したという。そして、孟子《もうし》はこれにつづけて、

「人必ずみずから侮《あなど》りて、然《しか》るのち人これを侮《あなど》る」

といい、さらに、『書経』の「太甲篇《たいこう》」の「天の作せる孽《わざわい》はなお違《さ》くべし、みずから作せる孽《わざわい》は活《い》くべからず（外からふりかかる災禍《さいか》は避《さ》けることができるが、自分の内からおこした災禍は身を亡ぼさなければ止《や》まない）」という語を引いている。つまり、滄浪《そうろう》の歌は、『孟子《もうし》』では水に主体をおいて、災禍をうけるのは自業自得だという意味に解釈されている。

「漁父辞《ぎょふのじ》」の場合。屈原《くつげん》は楚《そ》の王族の出身であり、純正の愛国者であった。ときは戦国時代の末期、秦《しん》の圧力は日ましに加わる。そうした情勢のなかで、彼は心をくだき、さまざまに楚《そ》王に進言したが、あまりに清廉《せいれん》の故《ゆえ》に逆に奸臣《かんしん》どもの讒言《ざんげん》にあい、ついに追放されてしまった。失意の彼は揚子江《ようすこう》岸をさまようが、その心は「世を挙《あ》げてみな濁《にご》れるなかに、われひとり清《す》む」嘆《なげ》きをかこちながらも、なお「新に沐《もく》する（頭髪をあらう）ものは必ず冠を弾《はじ》き、新に浴《よく》するものは必ず衣をふる」って汚れを払う清潔さを堅持している。そうした彼を諷《ふう》して、人に主体をおき水を世の中にたとえて、漁父《ぎょふ》（漁夫）が滄浪《そうろう》の歌をうたう。この場合、滄浪《そうろう》の歌は、水が清《す》んでいれば清んでいるように、濁《にご》っていれば濁っているように対処すべきだ——人生は自然のなりゆき

とともにあるべきだ、世の中が正しく治まっているときは世にでて活躍し、世の中が乱れて正道がおこなわれていないときは、ひとり静かに隠遁《いんとん》するがよい、という意味である。

121 大器晩成《たいきばんせい》

楚《そ》の荘《そう》王は、即位してから三年のあいだ、一つの政令も発せず、政治につとめる気配がまったくなかった。右司馬《ゆうしば》（官名）が心配して、謎《なぞ》ときにかこつけて王を諫《いさ》めようとした。

「鳥が南方の丘にとまっていますが、三年のあいだ羽ばたきもせず、また、飛ばず鳴かずです。いったい、なんという鳥でしょうか」

荘《そう》王は右司馬《ゆうしば》の意図を見ぬいて言った。

「三年のあいだ羽ばたかないのは、羽や翼《つばさ》を成長させているのだろう。飛ばず鳴かずにいるのは家臣や人民の状態をよく観察しているのだろう。だから、いままでは飛んだことがなくても、飛べば必ず天高く舞い上がるだろう。鳴いたことがなくても、鳴けば必ず人を驚かすほどに鳴くだろう。まあ心配するな、わしも心得ているのだ」

それから半年たつと、荘王《そう》はみずから政を聴いて、大改革をおこなった。国内は大いに治まり、また、国外においては諸侯を糾合《きゅうごう》して天下に覇《は》をとなえた。荘王《そう》は、小善にこだわらず、あわてて態度をあきらかにすることもなかったので、偉大な功名を得たのだ。それ故《ゆえ》に「大器は晩成し大音は希声《きせい》なり」というのである。

これは、『韓非子《かんぴし》』の「喩老篇《ゆろう》」にある話であるが、〈大器は晩成し、大音は希声なり〉は、もともと『老子《ろうし》』の語である。大なる器《うつわ》は一朝一夕にはできず、衆音を統《す》べる大音は、高低清濁《せいだく》の各音にわかれていないから、聞くことができないという意である。〈大器〉は文字どおり大きな器のことであるが、後にはもっぱら人材――非常の徳器《とっき》の意に使われるようになった。

なお、〝飛ばず鳴かず〟は、いまは逆に〝鳴かず飛ばず〟としてよく用いられている。

122　泰斗《たいと》

韓愈《かんゆ》（字《あざな》は退之《たいし》）は唐《とう》代における文章家であり、また詩人であった。その韓愈《かんゆ》について、『唐書《とうじょ》』の「韓愈伝《かんゆ》」の賛《さん》（人物をほめたてる文章）につぎのようにのべてある。

「唐《とう》が興隆《こうりゅう》してから、韓愈《かんゆ》は六経《りくけい》（易経・詩経・書経・春秋・礼記・楽経）の文章をもって諸学者の導師となり、死後もその学問はさかんに行なわれ、学問に志《こころざ》す人たちは、彼を〝泰山北斗《たいざんほくと》〟のように仰《あお》いだ」

泰山《たいざん》は山東省にある名山で、むかしから中国の五嶽《ごがく》の一《ひとつ》として仰がれている。北《ほく》斗《と》は北辰《ほくしん》、すなわち北極星で、これまた星界における中心的存在として仰がれている。この二つをあわせたのが〈泰山北斗《たいざんほくと》〉で、仰ぎ尊《とうと》ばれるもののたとえとして使われる。これを略したのが〈泰斗《たいと》〉であり、この方がよく使われる。もっとも、ちかごろは「第一人者」とか「オーソリティー」の方がずっと一般的で、〈泰斗《たいと》〉は影がうすくなったようだ。

123 大道廃《だいどうすた》れて仁義《じんぎ》あり

〈大道廃れて仁義あり〉とは、老子《ろうし》の言葉である。老子《ろうし》といえば、「無《む》」「無為自然《むいしぜん》」を説いたことで、往々《おうおう》にしてニヒリストの親玉のようにいわれるが、それは、とんでもないことである。

古代の中国人は、きわめて現実的な考え方をしたのが特徴であるが、老子《ろうし》もその例にもれない。彼の目的は平安な人間世界を招来《しょうらい》することにあったのである。ただ、人間的な規範をうちたてて、それによって人間世界に秩序をもたらそうとした儒家《じゅか》に対して、人間的な規範をなくして天意による生活をすれば、人間世界は秩序あるものとなると主張しただけである。

「無」とは、何もないということではなくて、現象界を動かす原理のことであり、それは人間の感覚を絶したものであるから「無」というのである。たとえば、草木は春に芽をだし、夏に成長し、秋に実をむすび、冬に枯れる。これは自然界の法則によってそうなるのであり、人間はその変化現象を見ることはできるが、法則そのものは、見ることも、聞くことも、手で触れることもできない。それ故《ゆえ》に「無」なのである。

また、「無為自然」とは、何もしないということではない。人間的なさかしら（賢《さか》しら）によって秩序などを考えずに、天地自然の法則にしたがえということである。

「大道」とは、すなわち「無」であり、「仁義」とは、すなわち儒教《じゅきょう》流の人間的な規範である。

〈大道廃れて仁義あり〉とは、人間世界は乱世であるが、それは人間が「大道」にしたがわずに、こざかしい人間的な規範などうちたてるからで、真に平安な世界を招来するためには、人は「大道」にかえらねばならないという主張である。

124　他山《たざん》の石《いし》

鶴《つる》は九皐《きゅうこう》に鳴いて　声　天に聞こゆ
魚は渚《なぎさ》に在《あ》り　或《ある》いは潜《ひそ》んで淵《ふち》に在《あ》り
彼《か》の園を楽しめども　爰《ここ》に樹檀《じゅだん》あり
其《そ》の下にこれ穀《かく》あり
他山の石　以《もっ》て玉を攻《みが》くべし

〈鶴が山奥の沢で鳴いても、その声は天まで聞こえる。それと同様に、身に誠があればいつかはあらわれる。魚は渚に浮かぶこともあり、淵にひそむこともあるように、道理は固定的ではない。園にかぐわしい檀《まゆみ》があり、そこで楽しく憩《いこ》おうとしても、その下にきたならしいものがあることもある。よその山のつまらぬ石でも、それによってわが玉をみがくことはできる〉

これは、『詩経』の「小雅《しょうが》・鶴鳴篇《かくめいへん》」の詩の一節である。〈他山の石、以《もっ》て玉を攻《みが》くべし〉は、よその山からでる石ころでも、わが山からでる玉をみがくことができるように、小人の言行でも君子が徳をみがく参考になるという意味である。略して〈他山の石〉という。

125 蛇足《だそく》

戦国時代、楚《そ》の懐《かい》王のときのことである。楚《そ》の令尹《れいいん》（宰相《さいしょう》）の昭陽《しょうよう》が魏《ぎ》を破り、ついで斉《せい》を攻めようとした。斉《せい》の湣《びん》王は心配して、たまたま秦《しん》からきていた陳軫《ちんしん》に、楚《そ》に戦争をやめさせる方策はないかとたずねた。陳軫《ちんしん》は調停役を買ってでて、楚《そ》軍におもむいて昭陽《しょうよう》に会った。

「あなたは、すでに令尹《れいいん》という楚《そ》の最高の官位にある。そのあなたが斉《せい》を伐《う》っても、いたし方なかろう。こんな話がある。――ある人が、下僕《げぼく》たちに大杯《たいはい》にいっぱいの酒を与えた。下僕たちは『数人で飲んでも、たらふくは飲めない。地面に蛇《へび》を画《か》いて、一番先に画きあげたものが一人で飲むことにしよう』と相談して、一斉《いっせい》に画きだした。やがて、一人が画きあげて、『できた』と大杯をにぎり、『おまえらはまだか、おれは、この上、足だって画きたせるぞ』と足を画いた。すると、遅れて画きあげたものが『おまえは失格だ、蛇に足などあるものか』と言って、大杯を奪いとった——ということだ。最高官位の上には、もはや加えるべき官位はない。いま、斉《せい》を攻めて、もし勝っても官位はそのままだし、負けたら魏《ぎ》を破った功績が消えるのは勿論《もちろん》、あなたの身は死んで楚《そ》で誹謗《ひぼう》をうけることにもなろう。蛇の足を画くようなものだ」

この陳軫《ちんしん》の話を聞いて、昭陽《しょうよう》はなるほどと思い、兵を収めて去ったという。

この話は、『戦国策《せんごくさく》』にあり、〈蛇足《だそく》〉はこの話からでた。無用の事をするたとえ、また、あっても益のない無用のものの意である。

126 多々益々弁ず《たたますますべんず》

漢《かん》の高祖《こうそ》が天下を統一してからのことである。当時楚《そ》王であった韓信《かんしん》に謀反《むほん》のきざしがあるということで、捕えて王位を剝奪《はくだつ》して淮陰《わいいん》（韓信《かんしん》の出身地）侯《こう》におとし、都にとどめておいた。

ある日、高祖は韓信《かんしん》と諸将の能力について話しあった。誰はどの程度、彼はこの程度と話しあっているうちに、高祖が、

「わしは、どれほどの軍の将軍になれるだろうか」

とたずねた。すると、韓信《かんしん》は、

「陛下は、まあ十万ぐらいのものでしょう」

と答えた。高祖がさらに、

「では、卿《けい》（韓信《かんしん》）はどうだ」

とたずねると、

「わたくしは〈多々益々弁ず〉（多ければ多いほどよい）です」

と、すましている。そこで、高祖が笑いながら、その〈多々益々弁ず〉るものが、どうして十万の将にすぎない自分の捕虜《ほりょ》になったのだ、とつっこむと、韓信《かんしん》は答えた。

「いや、それは別問題です。陛下は、兵に将たる能力におかれましては大したことはありませんが、将に将たる能力をそなえておられます」

この話は、『史記』『漢書《かんじょ》』および『十八史略《じゅうはっしりゃく》』に記《しる》されていて、『史記』には〈多々にして益々よきのみ〉とあり、『漢書』には〈多々益々弁ず〉とあり、『十八史略』は『漢書』にしたがっている。〈多々益々弁ず〉の方がずっとよく使われているようだ。

タ

127　断腸《だんちょう》

むかし、晉《しん》の桓温《かんおん》（武将）が蜀《しょく》に入り、三峡《さんきょう》を通過したとき、その従者《じゅうしゃ》で猿《さる》の子をつかまえたものがあった。一行《いっこう》はやがて舟に乗って流れをさかのぼった。すると、母猿は岸辺にあって悲しく号泣し、岸づたいに百余里も追いかけてきて、ついに舟に跳《と》びこんだが、跳びこむと同時に死んでしまった。みながその腹をさいてみると、腸が悲しみのあまりにずたずたに断《た》ちきれていた〈腸みな寸々《ずたずた》に断つ〉。桓温《かんおん》はこのことを聞くと、その情愛に欠けた従者を罷免《ひめん》したという。

この話は『世説新語《せせつしんご》』にあるが、〈断腸〉はよく使われる言葉で、『顔氏家訓《がんしかくん》』には「傷心断腸《しょうしんだんちょう》」とあり、李白《りはく》の詩句にも「雲雨巫山《うんうふざん》むなしく断腸」とある。わが国でも、菅原道真《すがわらみちざね》が「去年の今夜清涼に侍《じ》し、秋思《しゅうし》の詩篇《しへん》ひとり断腸」と詠《えい》じたのは、あまりにも有名であろう。はらわたのちぎれるはどのはげしい悲しみ、また、それほど甚《はなは》だしく心を痛めるという意味である。

128　朝三暮四《ちょうさんぼし》

宋《そう》の国に狙公《そこう》（猿飼《さるか》い）と呼ばれる男がいた。非常に猿を愛し、群《むれ》なすほど多数の猿を飼っていた。狙公《そこう》は猿たちの意中を察することができたし、猿たちも狙公《そこう》の心を読むことができた。そして、狙公《そこう》は、家族の食物を減らしても、猿たちの欲望を充《み》たしてやるようにしていた。ところが、突然、貧乏になってしまい、どうしても猿たちの食物を制限せざるを得ない事態になった。しかし、ただ食物を制限したのでは、猿たちが自分になつかなくなるのではないかと心配して、まず、猿たちにこうもちかけた。

「お前たちにやるどんぐりだが、これからは、朝は三つ、暮《ばん》は四つではどうかね」

すると、猿たちはみな起《た》ちあがって怒りだした。そこで、一転して言った。

「それでは、朝は四つ、暮は三つにしようか」

これを聞くと、猿たちはみな、喜んで頭を下げた。

この話は、『列子《れっし》』の「黄帝《こうてい》篇」にあり、「智者が愚者たちを籠絡《ろうらく》するのも、狙公《そこう》が智をはたらかせて猿たちを籠絡したのと同じで、与える実質は変わらないのに、相手

チ

を喜ばせたり怒らせたりするのだ」と結んでいる。

〈朝三暮四〉とは、人を籠絡してその術中におとし入れる、という意味である。

129 轍鮒《てっぷ》の急《きゅう》

荘子《そうじ》といえば、老子《ろうし》につぐ道家《どうか》の大立物《おおたてもの》で、なによりも精神の自由を楽しんだ人物であるが、それだけに束縛《そくばく》されることをきらって仕官もせず、貧乏ぐらしに安んじて鋭い皮肉をとばしていた。

ところで、貧乏ぐらしにも限度がある。まるきり無一文で二日も三日も食物がなかったのでは、さすがの荘子《そうじ》も音《ね》をあげざるをえない。たまたま、そんなあるとき、どこかの代官をしていた監河侯《かんかこう》という友人のところへ、急場しのぎの小銭を借りにいったことがある。監河侯《かんかこう》は、こいつに金を貸したところで返してもらえる筈《はず》もないが、さりとて無下《むげ》にことわるわけにもいかないと思って、

「いいとも。そのうち領地から税金が入ってくるはずだから、入ってきたら三百金ほど融通してあげよう」

と、うまく逃げをうった。すると、荘子《そうじ》はすばやく相手の心中を見ぬいて、腹を立

てて言った。

「ここへくる途中で、おれを呼ぶものがあった。ふりかえってみると轍《わだち》の中の鮒《ふな》さ。『こんなところへ落ちてしまって、苦しくていたしかたありません。水を少々はこんできていただけませんか』と頼むんだ。面倒くさいから『よし、よし。そのうち呉《ご》や越《えつ》の方へでかけるから、そうしたら西江《せいこう》の水をわんさと押しもどして、おまえを迎えてやろう』と言ってやった。すると、鮒《ふな》め、ぷんとして、『いま水がほしいのです。それもほんの少しでいいのです。それなのに、あなたがそんなことをおっしゃるのなら、もう頼みません。あとで乾物屋の店先でわたしの死骸《しがい》をごらんくださいと』とぬかしたよ。いや、お邪魔《じゃま》さま」

〈轍鮒《てっぷ》の急《きゅう》〉は、『荘子《そうじ》』の「外物篇《がいぶつ》」にあるこの話からでた。さしせまった困窮《こんきゅう》の意である。

130　鉄面皮《てつめんぴ》

むかし、王光遠《おうこうえん》という人がいた。進士《しんし》の試験にも合格したくらいだから、相当に才能があり、学問もあったのだが、とてつもなく出世欲の強い男で、出世のためならどんな恥ずかしい目にあってもいとわなかった。なにかとつてを求めては権勢家のもとに出入し、平気でおべっかをつかってはその御機嫌をとりむすんだ。あるときには満座のなかで鞭《むち》で打たれるような侮辱《ぶじょく》をうけたが、一向に態度を改めなかった。それで、当時の人々は、「光遠《こうえん》、顔の厚きこと十重の鉄甲《てっこう》のごとし」と評したという。

この話は、『北夢瑣言《ほくぼうさげん》』にあり、〈鉄面皮《てつめんぴ》〉は、この話からでた。俗に「面《つら》の皮が厚い」という言葉があるが、〈鉄面皮〉はその甚《はなは》だしいものの意である。

131　天衣無縫《てんいむほう》

唐《とう》時代の『霊怪録《れいかいろく》』という書物には、おもしろい話がかなり収められているが、ここに紹介するのもその一つである。

――あるところに郭翰《かくかん》という男が住んでいたが、盛夏のころ、あまり暑いので庭にでて涼《すず》んでいた。すると、天からふわりふわりと降《ふ》ってくるものがある。やがて、それは人間の形になり、降《お》り立ったところを見ると美しい女性である。名をたずねると天上の織女《しょくじょ》だという。そばによってみると、彼女の着ている衣服は、やわらかで軽やかで、どこから見ても縫い目が一つもない。郭翰《かくかん》が不思議に思ってたずねると、

「わたくしたち天上界のものの天衣には、針や糸などは使わないのです」

という答えであった。

〈天衣無縫《てんいむほう》〉はこの話からでた。そして、のびやかで、おのずからなる風格をそなえた芸術作品の形容に使われるようになり、さらに、「彼はまったく〝天衣無縫《てんいむほう》〟なやつだ」のように、あけっぴろげで、こだわりのない人の性格の形容などにも使われるようになった。

132 天知《てんし》る　地知《ちし》る　子知《しし》る　我《わ》れ知《し》る（四知《しち》）

楊震《ようしん》は、後漢《ごかん》時代における高潔な官僚の代表ともいうべき人物であった。

その楊震《ようしん》が、東萊《とうらい》の太守《たいしゅ》（郡の長官）に任ぜられたときのことである。赴任《ふにん》の途中、一夜、昌邑《しょうゆう》（山東省）に宿った。するとその夜もふけたころ、王密《おうみつ》がひそかに訪ねてきた。王密《おうみつ》は、楊震《ようしん》が荊州《けいしゅう》（湖北省）の刺史《しし》（監察官）であったころ、学識をみとめて引きたててやった男であるが、このとき、たまたま昌邑《しょうゆう》県の県令《けんれい》（県の長官）をつとめていたのである。二人はしばらく昔話に興じたが、そのうちに、王密《おうみつ》がふところから金十斤《じゅっきん》をとりだして、楊震《ようしん》のまえに置いた。

「これほ、むかし御恩にあずかりましたお礼のしるしでして、他意はございません。どうか、お納《おさ》めください」

楊震《ようしん》は、おだやかではあるが断乎《だんこ》として断《ことわ》った。たとえ、それが純粋に報恩の心からでたものであったとしても、お互いに官吏《かんり》として現職にある身、いつ情によるゆがみにつながらないとも限らぬと考えたのでもあろうか。王密《おうみつ》はおして言った。

「太守さまの高潔なお心はよく存じております。ですが、これはお心にかけられるほどのものではございません。それに、夜中のことですし、この部屋には太守さまとわたくしと二人きりでして、誰も知らないのですから」

王密《おうみつ》の言葉がおわると、楊震《ようしん》は容《かたち》をただした。そして、しずかに諭《さと》した。

「誰も知らないことはなかろう。天が知っている。地が知っている。君も知っている。わしも知っているではないか」

この話は『後漢書《ごかんじょ》』の「楊震《ようしん》伝」にある。〈天知る。地知る。子知る。我れ知る〉これを「四知《しち》」ともいう。いまでは、「『天知る、地知る』だ。陰謀《いんぼう》なんかたくらんでもだめだぞ」のように、上半分だけを軽く使うことが多い。

133 輾転反側《てんてんはんそく》

〈輾転反側〉とは、夜どおし寝返りをうって思い悩む状態を形容する言葉であるが、非常に古い言葉で、『詩経』の「国風篇《こくふう》」冒頭の詩――「関雎《かんしょ》」の詩句として、すでに使われている。

「関雎《かんしょ》」は、河の洲《す》で仲よく連れだって鳴いている雎雄《しゆう》の雎鳩《みさご》（水鳥の名）から連想して、君子《くんし》と淑女《しゅくじょ》が似合いのカップルであることを歌いおこす。そして、男性の側から、美しくゆかしい乙女を心に画《えが》いて、それを求めて思い悩む状態を歌う。

関々《かんかん》たる雎鳩《みさご》は
河の洲《す》に在《あ》り
窈窕《ようちょう》たる淑女《しゅくじょ》は
君子の好逑《こうきゅう》

（訳）
関々《かんかん》とつれなく雎鳩《みさご》は
河の洲《す》に
たおやかのよき乙女こそ
君子《よきひと》の好き伴《つれ》

参差《しんし》たる荇菜《あさざ》は
左右に流る
窈窕《ようちょう》たる淑女《しゅくじょ》は
寤寐《ごび》に求む

求めて得ざれば
寤寐《ごび》に思服《おも》ふ
悠《ゆう》なる哉《かな》　悠《ゆう》なる哉《かな》
輾転《てんてん》反側す

長き短き水辺《みずべ》の荇菜《あさざ》
左や右の流れに采《と》る
たおやかのよき乙女は
明け暮れに思い求める

求めても得ねば
思いの明け暮れに
あわれ　あわれ
夜もすがら寝返りする

（訓読・訳詞ともに、目加田誠氏の著書による）

なお、この詩はつづいて、そうした乙女を得たら、その人をいつくしみ楽しませて、仲よく暮らしたいと結んでいる。この詩でみると、〈輾転反側〉は、恋情からでた言葉である。しかし、複雑な社会に生きる現代人が〈輾転反側〉するのは、無論、恋情のみによるわけではあるまい。

134 天道是《てんどうぜ》か非《ひ》か

『史記』の著者司馬遷《しばせん》は、正当なことを正当に主張したために、聖天子と称された漢《かん》の武《ぶ》帝から刑を受けた人物である。それ故《ゆえ》、司馬遷《しばせん》は、何物をもたのまず、みずからの判断によって人間の正当な歴史を書き残そうと決意した。こうして書かれたのが『史記』であり、その「伯夷《はくい》列伝」は、端的に彼の決意を愬《うった》えている。

――「天道親《しん》なし、常に善人に与《くみ》す（天道はえこひいきせず、常に善人に味方する）」という人があるが、これは、人間が空《むな》しく天に期待している言葉である。この言葉の通りなら、善人は常に栄え、悪人は必ず亡《ほろ》びるはずである。ところが、人間世界の現実はそうはいかない。

伯夷《はくい》・叔斉《しゅくせい》が仁徳《じんとく》をつみ、行いを潔《いさぎよ》くしたことは伝えられる通りだが、しかし、彼らは餓死《がし》せざるを得なかった。また、孔子《こうし》の多くの高弟のうちで、孔子《こうし》が、真に学問を好む人物として賞揚《しょうよう》したのは顔淵《がんえん》ただひとりであるが、その顔淵《がんえん》は、つねに非常な貧乏に苦しめられ、糟《かす》や糠《ぬか》さえも十分には食べることができずに、栄養失調になって、年若くして死んでしまったではないか。これでも、天が善人に味方するといえるのだろうか。

一方、あの有名な大悪党の盗跖《とうせき》は、日ごとに罪のない良民を殺し、無惨《むざん》にも人の肉を膾《なます》や脯《ほしにく》にするなど、ありとあらゆる悪事を公然と行ない、数千人もの徒党《ととう》を集めて天下に横行したにもかかわらず、天寿《てんじゅ》を完《まっと》うしている。これは、一体、どんな徳があったからなのだろうか。

以上の例はあまりにも顕著な対照であるにしても、これに類似の事がらは、われわれの日常生活の周囲にいくらでも起こっている。すこし注意してみれば、操行《そうこう》のおさまらないままに人の世の秩序をみだし、しかも、一生逸楽《いつらく》して、富を子々孫々《ししそんそん》に伝える者もすくなくないし、その一方では、また、つねに恭謙《きょうけん》に身を持し、正しい道のみを歩みながら、災禍《さいか》のとりことなる者も、数えきれないほど多い。それやこれやを通観《つうかん》してみると、ここに「天道是か非か《てんどうぜかひか》」という重大な疑問が残る。

〈天道是か非か〉とは、天を疑う悲痛な言葉である。二千百年も以前に司馬遷《しばせん》が投げかけたこの疑問は、人間にとって、依然《いぜん》として解決されてはいない。もし、「天道非なり」とすれば、人はどのような覚悟で生きたらよいのであろうか。

テ

135　銅臭《どうしゅう》（紛々《ふんぷん》）

後漢《ごかん》の末期には、政治はまったく腐敗した。霊帝《れいてい》の時代になると、宦官《かんがん》や官僚は私腹をこやすことにのみ専念し、国庫には穴があいた。そして、その穴をうめるために、官位を金銭で売るようにさえなった。

崔烈《さいれつ》という男が、五百万銭で司徒《しと》（官名）になった。さすがに気になるところがあったとみえて、息子の鈞《きん》をよんで、世間では自分をどう言っているかたずねた。

「取り沙汰《ざた》しているところをまとめますと、あなたの〝銅臭《どうしゅう》〟をきらっているようです」

これが息子の答えだった。

この話は、『後漢書《ごかんじょ》』の「崔寔伝《さいしょくでん》」にある。〈銅臭《どうしゅう》〉とは金銭のにおいで、官位を買った人を嘲《あざけ》っていう言葉であるが、後には賄賂《わいろ》をとることの好きな連中をさしていうようになった。よく〈銅臭紛々《どうしゅうふんぷん》〉というふうに使う。

ト

136 道聴塗説《どうちょうとせつ》

『論語《ろんご》』に「道に聴きて塗《みち》に説くは、徳をこれ棄《す》つるなり」という言葉がある。これが〈道聴塗説《どうちょうとせつ》〉のでどころである。知識をたんなる知識としてうけとめること、これは孔子《こうし》たちにとっては学問ではなかった。善言を聞いたら、それをよく玩味《がんみ》し、消化して身につける。それが得すなわち徳である。道を歩いていて人から聞いたことを、そのまま途中で別の人に話して、それなりにしてしまう。これでは徳は成立しないというのである。荀子《じゅんし》が「小人の学は耳より入りて口より出ず、口耳《こうじ》の間はすなわち四寸《しすん》のみ、なんぞ以《もっ》て七尺《しちしゃく》の軀《からだ》を美にするに足らんや」とのべているのは、これと同じ主旨《しゅし》である。

〈道聴塗説〉は、いまでは、いいかげんな世間のうけうり話の意にも転じて、「彼は〝道聴塗説〟の徒《と》だね。うけうりはうまいがなかみは空っぽだ」などと使われる。

137 桃李《とうり》言《い》わざれども、下《した》自《おのずか》ら蹊《こみち》を成《な》す

漢《かん》の文帝《ぶんてい》から武帝《ぶてい》の時代にかけての李広《りこう》という将軍は、勇武《ゆうぶ》において非常にすぐれていた。かつて、文帝《ぶんてい》は李広《りこう》にむかって、

「そなたは、惜しいことに時世にめぐりあわなかった。もし、高祖《こうそ》皇帝のころに生まれあわせていたら、そなたは、当然、万戸侯《ばんここう》（一万戸の領地をもった諸侯）ぐらいにはなっていたろうに」

と言ったことがある。また、あるとき狩猟にでて、草むらの中の石を虎とみて弓を射《い》たところが、やじりが石の中にまでもぐりこんだというエピソードの持ち主でもあった。このエピソードは、〝石に立つ矢のためしあり〟などと歌にまで歌われている。しかし、李広《りこう》は、ただ勇武の士であっただけではなく、清廉謹直《せいれんきんちょく》の士でもあった。司馬遷《しばせん》は彼を評して、

「むかしの言葉に、『その身が正しければ、命令しなくても行われ、その身が正しくなければ命令をくだしても誰も従わない』とあるが、これは、まさに李《り》将軍のことを言ったようなものだ。李《り》将軍が死んだときには、将軍を知っているものも知らないものも、みな哀悼《あいとう》の意を表した。将軍の忠実な心が、天下の心ある人々に信ぜられていたからである。

諺《ことわざ》に『桃《もも》や李《すもも》はものを言わないが、その花や果実のために人々が集まり、樹下《じゅか》

には自然に蹊《こみち》ができる〈桃李《とうり》言わざれども、下自《おのずか》ら蹊《こみち》を成す〉』という。この諺《ことわざ》にいうところは小さなことだが、大きいことにもたとえることができる」と激賞している。

この話は、『史記』の「李将軍列伝《りしょうぐんれつでん》」にある。成蹊《せいけい》大学の名称は、この〈桃李《とうり》言わざれども、下自《おのずか》ら蹊を成す〉からとったものである。

138 登竜門《とうりゅうもん》

後漢《ごかん》も末ちかい桓《かん》帝の御代《みよ》は、宦官《かんがん》が専横《せんおう》をきわめた時代であったが、一部の正義派官僚は宦官の邪悪にはげしく抗争した。その正義派官僚の領袖《りょうしゅう》と目されたのが李《り》膺《よう》（字《あざな》は元礼《げんれい》）である。李膺《りよう》は、すでに綱紀《こうき》の頽廃《たいはい》した、すさんだ宮廷内にあって、ひとり名教を護持してやまず、つねに高潔に身を保った。それ故《ゆえ》に、青年官僚は彼を敬慕《けいぼ》して「天下の模楷《てほん》は李元礼《りげんれい》」とたたえ、彼の知遇《ちぐう》をうけることを〝登竜門〟とよんで非常な名誉とした。

この話は、『後漢書《ごかんじょ》』の「李膺《りよう》伝」にある。〈登竜門〉とは、「竜門に登る」ということである。竜門とは、黄河《こうが》の上流にある峡谷《きょうこく》の名で、このあたりはすさまじい急流であり、流れを遡《さかのぼ》る大魚もなまじっかのことでは登りきれない。だが、もし、登りきれば、魚はたちまち竜に化するといわれている。つまり、「竜門に登る」とは、難関を突破して躍進のチャンスをつかむことであり、李膺《りよう》の知遇を得ることに転用されたのがはじめで、唐《とう》代ではもっぱら進士の試験（高等文官試験）に及第《きゅうだい》することをさした。そして、その後、ひろく使われるようになった。

139 読書百遍《どくしょひゃっぺん》、義《ぎ》おのずから見《あら》わる

魏《ぎ》の董遇《とうぐう》は、すぐれた学者であった。弟子入りするものがあると、あえて教えずに、

「君が学びたいと思う書物を、まず百回くりかえして読みなさい。むかしから『読書百遍《ひゃっぺん》、義おのずから見《あら》わる』といいますが、その通りなのです」

というのが常であった。そして、そんな時間の余裕がないというものがあると、こう言った。

「三つの余暇を活用しなさい。冬は一年の余暇であり、夜は一日の余暇であり、陰雨《いんう》は時の余暇です。この三つの時は読書にはきわめて好都合です」

この話は、『魏志《ぎし》』の「董遇伝《とうぐう》」にある。〈読書百遍《ひゃっぺん》、義おのずから見《あら》わる〉くり

かえして精読すれば、文義が自然に明らかになり、書物の内容を理解できる意。宋《そう》の朱子《しゅし》は〈読書千遍《せんぺん》、義おのずから見《あら》わる〉と言っているが、同じことである。わが国では〈読書百遍《ひゃっぺん》、意おのずから通ず〉という。

140 斗酒《としゅ》なお辞《じ》せず

秦《しん》が滅びた直後のことである。「劉邦《りゅうほう》（のちの漢《かん》の高祖《こうそ》）がひそかに天下をねらっている」と項羽《こうう》に告げ口をしたものがあり、そのために、項羽《こうう》は激怒して劉邦《りゅうほう》を討《う》とうとした。これを知った劉邦《りゅうほう》は、急遽《きゅうきょ》、鴻門《こうもん》に陣どっていた項羽《こうう》のもとにまかりでて弁明した。これが有名な「鴻門《こうもん》の会」である。劉邦《りゅうほう》の弁明は項羽《こうう》のききいれるところとなり、さっそく酒宴がひらかれたが、空気はなお不穏《ふおん》であった。このとき、劉邦《りゅうほう》を守ろうとして会場に闖《ちん》入したのが樊噲《はんかい》である。樊噲《はんかい》は頭髪をさかだて、眦《まなじり》をさいて項羽《こうう》をにらみつけた。項羽《こうう》はその豪勇《ごうゆう》ぶりをめでて、これに斗卮酒《としゅ》（一斗《いっと》入りの大盃《たいはい》になみなみとついだ酒）と豚の肩の肉を与えた。樊噲《はんかい》は立ったまま飲みほし、また、盾《たて》を地に横たえて剣をぬき、豚肉をその上で切って喰《く》った。項羽《こうう》はますます樊噲《はんかい》が気にいり、勇壮《ゆうそう》の士だとほめて、もっと飲むかときいた。すると、樊噲《はんかい》は答えた。

「わたくしは、死さえ何とも思っておりません。まして、酒盃《しゅはい》ごときをおことわりするわけがありません〈臣、死すら且《か》つ避《さ》けず。卮酒《ししゅ》、安《いずく》んぞ辞するに足らん〉」

そして、情熱をこめて劉邦《りゅうほう》に私心のないことをのべた。やがて、劉邦《りゅうほう》は、とにかく虎口《ここう》（危機）を脱したのである。

この話は、『史記』の「項羽本紀《こううほんき》」にある。〈斗酒《としゅ》なお辞せず〉は、この〈卮酒《ししゅ》、安《いずく》んぞ辞するに足らん〉からでた。なお、劉邦《りゅうほう》がこの酒席をぬけだすとき、便所にいくことを口実にしたので、劉邦《りゅうほう》は、項羽《こうう》に挨拶もしないで帰ってしまってよいものかどうか迷った。すると樊噲《はんかい》が、「〝大行《たいこう》は細謹《さいきん》を顧《かえり》みず〟（大事をおこなおうとするものは、多少の謹《つつし》みを欠くことを気にしない）です。むこうは刀と俎《まないた》、こちらは魚です。挨拶などする必要はありません」と進言して、その場から逃げかえらせたのである。

〈大行《たいこう》は細謹《さいきん》を顧《かえり》みず〉これも有名な言葉である。

141 塗炭《とたん》の苦《くる》しみ

『書経』に「有夏昏徳《ゆうかこんとく》、民、塗炭《とたん》に墜《お》つ」とある。有夏昏徳《ゆうかこんとく》とは、夏《か》の桀王《けつ》が不徳・暴虐《ぼうぎゃく》であったということである。桀《けつ》王は殷《いん》の紂《ちゅう》王とならんで、古代中国における悪王の代表とされている。その桀《けつ》王の不徳・暴虐の故《ゆえ》に、人民が異常な苦しみをなめざるを得なかったというのである。

〈塗炭《とたん》の苦しみ〉は、この「民、塗炭《とたん》に墜《お》つ」からでた。塗は泥水、炭は炭火で、泥水や炭火のなかにおとしいれられたような苦しみ——異常な苦しみの意である。

142 寡《とぼ》しきを患《うれ》えず、均《ひと》しからざるを患《うれ》う

魯《ろ》（孔子《こうし》の生国）の重臣の季孫《きそん》氏は、私腹をこやしてばかりいて国政をかえりみなかった。あるとき、魯《ろ》の属国である顓臾《せんゆ》に出兵して領地を広めようとした。たまたま、孔子《こうし》の弟子の冉有《ぜんゆう》と子路《しろ》は季孫《きそん》氏に仕えており、このことを孔子《こうし》に告げた。そして、それは殿さまの望むところで、自分たちは反対なのだと弁解した。孔子《こうし》が、反対なら

ばなぜ諫《いさ》めないのかととがめると、冉有《ぜんゆう》が、顓臾《せんゆ》は季孫《きそん》氏の領地である費《ひ》に近いので、将来の禍根《かこん》を絶つ意味もないことはないと強弁した。じつは、冉有《ぜんゆう》はこの出兵計画の主謀者の一人であったのだ。孔子《こうし》は、冉有《ぜんゆう》の内心を見ぬいて言った。

「もっと率直に意のあるところを話せ。君子《くんし》はつまらぬ弁解はしないものだ。おまえも季孫《きそん》氏とともに、領土が広く、人口が多く、物資が豊かであることをのぞんでいるのだろうが、わしは、『政治をおこなうものは、〝寡《とぼ》しきを患《うれ》えずして均《ひと》しからざるを患《うれ》え、貧《まず》しきを患《うれ》えずして安からぎるを患《うれ》う〟を第一義とすべきだ』と聞いている。物資が寡《とぼ》しくても配分が公平であれば、貧乏に対する不平はなく、民心は安定する。民心の安定した国は隆盛の途《みち》をたどり、遠方の民もおのずから慕ってくる。武力をもって領地の拡張をはかるなど、とんでもないことだ」

この話は、『論語《ろんご》』にあり、〈寡《とぼ》しきを患《うれ》えず、均《ひと》しからざるを患《うれ》う〉は、この話からでた。「寡《とぼ》しき」ほ「寡《すく》なき」ともいわれるが、「寡《とぼ》しき」の方がより一般的であろう。

143 虎《とら》の威《い》を借《か》る狐《きつね》

戦国時代のことである。楚《そ》の宣《せん》王は、あるとき臣下に問うた。

「わが宰相《さいしょう》の昭奚恤《しょうけいじゅつ》は、外国でおそれられているのか」

すると、江乙《こういつ》という男がすすみでて答えた。

「そのようなことはありません。ひとつ、たとえ話を申しあげましょう。あるところに虎がいて、百獣はその威をおそれておりました。その虎が、あるとき狐を捕まえましたところ、狐は『天帝は、わたしを百獣の長に任ぜられた。わたしを食うと天帝にそむくことになるぞ。嘘だと思ったら、わたしの後についてきてみろ。百獣はみなわたしをおそれて逃げだすから』と申します。そこで、虎は狐の後について歩きだしました。なるほど百獣はみな逃げます。虎は自分がおそれられているとは気づかずに、〝狐のいうことは本当だ〟と思ったと申します。ところで、昭奚恤《しょうけいじゅつ》はこの狐のようなものです。外国がおそれているのは、昭奚恤《しょうけいじゅつ》ではなくて、その背後にある強大な楚《そ》国なのです」

この話は『戦国策《せんごくさく》』にあり、〈虎の威を借る狐〉は、この話からでた。強者の威を借りて弱者をおどす意である。〈狐、虎の威を借る〉ともいう。

144 豚児《とんじ》

三国志のなかで有名な赤壁《せきへき》の戦いで、魏《ぎ》の曹操《そうそう》の大軍は、呉《ご》の孫権《そんけん》の部将の周瑜《しゅうゆ》にさんざんにやぶられた。そのあとで、曹操《そうそう》は、周瑜《しゅうゆ》のようなすぐれた部将たちを使いこなす孫権《そんけん》を嘆賞《たんしょう》して言った。

「子を生むなら、孫仲謀《そんちゅうぼう》（孫権《そんけん》）のような子がいい。さきに降服してきた劉景升《りゅうけいしょう》の児子《こ》などは、〝豚犬《とんけん》〟のようなものだ」

この話は、『呉志《ごし》』の「呉主伝《ごしゅ》」にある。〈豚児《とんじ》〉は、この〈豚犬〉からかわった。〈豚犬〉は、愚《おろ》かもののたとえで、それから不肖《ふしょう》の子をさすようになり、また、自分の子の謙称《けんしょう》になった。〈豚児〉は、たとえば、『近古史談《きんこしだん》』に「今日は豚児の擐甲《かんこう》（よろいを着る）の初めなり、願わくは、子《し》、当年の武功を語り、以《もっ》て児の前程（前途）を祝せ」とあるように、もっぱら自分の子の謙称に用いられる。

145 泣《な》いて馬《ば》謖《しょく》を斬《き》る

蜀漢《しょくかん》の初代皇帝劉備《りゅうび》が死んで、その子が皇帝になってからのことである。蜀漢《しょくかん》の柱石《ちゅうせき》、諸葛孔明《しょかつこうめい》は、有名な「出師の表《すいしひょう》」をたてまつった後、三軍をひきいて成都《せいと》(四川省)を出発した。北のかた漢中《かんちゅう》をへて、魏《ぎ》の都、長安《ちょうあん》(陝西省《せんせい》)を攻略しようというのである。蜀漢《しょくかん》・魏《ぎ》の両軍は祁山《きざん》(甘粛省《かんしゅく》)の野に相対《あいたい》した。魏《ぎ》の将軍は曹真《そうしん》で、二十万の軍をひきいていたが、これは手もなく孔明《こうめい》にやぶられた。魏《ぎ》はあらたに司馬仲達《しばちゅうたつ》を起用した。仲達《ちゅうたつ》は二十万の軍をもって孔明《こうめい》に対した。孔明《こうめい》は、これもやぶる成算はあったが、仲達《ちゅうたつ》がなかなかの軍略家であることを知っていたので、街亭《がいてい》(漢中の東)の守備をかためなければならないと思った。街亭は蜀漢《しょくかん》軍の糧秣《りょうまつ》輸送のための要地で、そこをおさえられると、前線活動が不能におちいるからである。孔明《こうめい》はだれに街亭を守らせたらよいか迷った。

このとき、街亭の守備を志願したのが馬謖《ばしょく》である。馬謖《ばしょく》は孔明《こうめい》と〝刎頸《ふんけい》の交《まじわり》〟のあった馬良《ばりょう》の少弟で、有能の士であり、孔明《こうめい》もその将来に期待している人物であった。しかし、仲達《ちゅうたつ》を向うにまわすにしてはまだ若すぎる。孔明《こうめい》が躊躇《ちゅうちょ》していると、

「もし敗れたら、軍律どおりの罰をうけますから」

という決死のたのみである。ついに孔明《こうめい》は馬謖《ばしょく》の志願をききいれた。だが、結果はやはり凶とでた。街亭の山は三方が絶壁であり、一方だけが開けているので、孔明《こうめい》はそのふもとの道を守って魏《ぎ》軍をよせつけるなと命じたのだが、馬謖《ばしょく》は山上に陣をしいた。有能なだけに、才気にまかせて地形を判断し、山上に陣どった方が敵をおびきよせるのに好都合だと思ったのである。その結果、逆に魏《ぎ》軍に包囲されて水を絶たれ、苦しまぎれに突撃して惨敗したのである。

馬謖《ばしょく》の敗戦を知った孔明《こうめい》は、一時、兵をまとめて漢中にしりぞいた。そして、軍律どおりに馬謖《ばしょく》を斬罪《ざんざい》にした。

「馬謖《ばしょく》は惜しい男である。しかし、惜しいからといって、私情をはさんで助けることは彼のおかした罪以上の罪だ。馬謖《ばしょく》をうしなうことは国家の損失だ。だが、斬らなければ軍律はみだれ、より大変なことになる。惜しい人物だからこそ、斬って大義を明らかにしなければならない」

刑吏《けいり》が馬謖《ばしょく》をひきたてていくとき、孔明《こうめい》は、ただただ泣いていた。

この話は、『三国志《さんごくし》』の「蜀志《しょくし》」の「諸葛亮伝《しょかつりょう》」にある。〈泣いて馬謖《ばしょく》を斬《き》る〉は、大きな目的のためには愛するものをも捨て去るという意味で〈泣《なみだ》して馬謖《ばしょく》を斬る〉

〈涙を揮《ふる》って馬謖《ばしょく》を斬《き》る〉ともいう。

146 南風競《なんぷうきそ》わず

〈南風競わず〉は勢いのふるわない形容。

春秋時代の末期、諸侯は晉《しん》を盟主として東方の斉《せい》を伐《う》っていた。鄭《てい》では君主みずから兵をひきいてこれに参加し、その留守を、子孔《しこう》・子展《してん》・子西《しせい》という三人の重臣が守っていた。子孔《しこう》は野心家で、かねてから他の重臣たちを除いて権勢をわがものにしようと思っていたが、好機いたるとばかりに南方の楚《そ》に連絡し、その軍隊を導入して野望をとげようとした。楚《そ》軍はやってきた。しかし、子孔《しこう》のたくらみをみぬいていた子《し》展《てん》・子西《しせい》は万全の備えをかためて応戦した。そのため、さすがの楚《そ》軍も、子孔《しこう》と合流することも、首都に攻めこむこともできなかった。そして、魚歯山《ぎょしざん》のふもとを通過したときに大雨にあった。ちょうど真冬であったので、人馬は凍《こご》え、甚大《じんだい》な損害をこうむって帰国せざるを得なかった。

晉《しん》では楚《そ》が鄭《てい》を攻めたと聞いて憂慮《ゆうりょ》したが、音楽官の師曠《しこう》が、「害あらず、われ、しばしば北風《ほくふう》（北方の歌）を歌い、また南風《なんぷう》（南方の歌）を歌う。

南風競《きそ》わずして死声多し。楚《そ》かならず功なからん」と予言した。この予言があたったのである。

この話は、『春秋左氏《さし》伝』にある。わが国では、『日本外史』がこの〈南風競わず〉を借用して、南朝（吉野朝廷）の衰亡《すいぼう》の表現に使っている。

147 錦《にしき》を衣《き》て夜《よる》行《ゆ》くが如《ごと》し

「鴻門《こうもん》の会」（楚《そ》の項羽《こうう》と漢《かん》の劉邦《りゅうほう》が開いた会合）から数日たって、項羽《こうう》は西方の咸陽《かんよう》（もとの秦《しん》の都）にのりこんだ。そして、すでに降参した秦《しん》王子嬰《しえい》を殺し、秦《しん》の宮殿を焼きはらった。その火は三日も消えなかった。それから、財宝や婦女を没収して東にひきかえそうとした。ある人が、

「関中の地は、四方を山河にかこまれた要害《ようがい》の地であり、土地は豊饒《ほうじゅん》です。ここに都を定めて天下に覇《は》をとなえるべきです」

と説いたが、項羽《こうう》は、焼けおちてさむざむとした咸陽《かんよう》を見、また、心中に郷里の楚《そ》を懐かしく思い、どうしても東に帰ろうとして言った。

「富貴な身分になって故郷に帰らないのは、錦をきて暗夜《あんや》を歩くようなものだ（錦を

衣《き》て夜行くが如《ごと》し）。誰も見てくれないではないか」

また、ある別の人が、

「楚人《そ》（項羽《こうう》をさす）は、人間の衣冠《いかん》をつけてはいるが心は猿のようだ（楚人《そ》は沐猴《もくこう》にして冠するのみ）というが、まったくその通りだ」

とかげ口をきいたが、それを知った項羽《こうう》は、その人を煮殺してしまった。

〈錦を衣《き》て夜行くが如《ごと》し〉は、『漢書《かんじょ》』ではこのとおりであるが、『史記』では〝錦〟が〝繡《しゅう》〟になっている。

この言葉は、いまそのままは使われていないようだが、「あの人も、〝故郷に錦をかざった〟ね」のように、変形して使われている。なお、〈沐猴《もくこう》にして冠す〉も、無作法な人の形容として、老人には耳なれた言葉であろう。

148　似《に》て非《ひ》なるもの

孟子《もうし》の弟子の万章《ばんしょう》が、あるとき、孔子《こうし》の言行について師にたずねているうちに、「郷原《きょうげん》は徳の賊《ぞく》なり」という孔子《こうし》の言葉があるが、その意味がわからないと言った。

郷原とは、郷《むら》のなかで謹直《きんちょく》（謹厳実直）の士とたたえられる俗物のことで、いわば

偽《ぎ》君子である。そこで、孟子《もうし》は万章《ばんしょう》に、

「郷原には、これといって非難すべき点はみあたらない。ただ世俗にこびて、俗世の水準で満足して生活し、いかにも忠信廉潔《れんけつ》の士らしく見せかけているだけだ。大衆は立派な人物だと思うだろうが、とても、ともに聖人の道に進むような人物ではない。だから孔子《こうし》は『徳の賊』といわれたのだ」

と説明し、さらに語をついで言った。

「孔子《こうし》は、また、『〝似て非なるものを悪《にく》む〟――正しきに似てはいるが実はそうでないものをにくむ。――莠《はぐさ》をにくむのは、それが雑草なのに稲の苗と似ていて邪魔になるからだ。口のうまい人をにくむのは、たくみな言葉で信義を乱すからだ。鄭《てい》の音楽をにくむのは、それが淫《みだ》らな俗楽であるのに雅楽《ががく》に似ていて、雅楽を乱すからだ。紫をにくむのは、それが不純な混色なのに正色の朱《しゅ》に似ていて、朱を乱すからだ。郷原をにくむのは、君子らしい見せかけで徳を乱すからだと言っておられる。君子たるものは、聖人の常道を身につけて実践するのみだ。聖人の常道がおこなわれれば、庶民も興起《こうき》し、そうすれば世の中に邪悪もなくなるだろう」

この話は、『孟子《もうし》』の「盡心篇《じんしんぺん》」にある。〈似て非なるもの〉は、原文では「似而非者」であり、その「似而非」をえせと訓じて（似而非《えせ》、似非《えせ》）、「彼は〝えせ学者〟

だ」のように使われる。

149　任重《にんおも》くして道遠《みちとお》し

『論語《ろんご》』の「泰伯《たいはく》篇」に曾子《そうし》の言葉として「士は以《もっ》て弘毅《こうき》ならざるべからず。任重くして道遠し。仁以《じんもっ》て己《おの》が任となす、また重からずや。死して後已《や》む、また遠からずや」とある。これは、『論語』のなかでも有名な章であるが、また、この弘毅（度量が大きくて意志の強い意）とか重遠は、よく人名として借用される。たとえば、かつての首相に広田弘毅《こうき》という人があり、また、法曹界の泰斗《たいと》に穂積重遠《しげとお》博士があった。

〈任重くして道遠し〉は、本来は、至高《しこう》の徳たる仁《じん》をきわめることをおのれの任とするが故《ゆえ》にその任は重く、しかもその重任は死にいたるまで続くのであるから遠いという意であるが、いまでは、もっと卑近《ひきん》な意味で、「〝任重くして道遠し〟だ、このくらいの失敗で、へこたれる奴があるか」などと使われる。

150　人間《にんげん》万事《ばんじ》塞翁《さいおう》が馬《うま》

むかし、北方の要塞《ようさい》の近くに老翁《ろうおう》が住んでいた。老翁は一頭の馬を飼っていたが、どうしたことか、その馬が胡《こ》（中国北方の異民族の古称）の地に逃げてしまった。近所の人々が気の毒に思って老翁に悔《くや》みを言ったが、数カ月たつと、その馬が胡《こ》地の駿馬《しゅんば》をつれて帰ってきた。こんどは人々はみなお祝いをのべた。だが、乗馬好きの老翁の子が、駿馬から落ちて脚に怪我を負った。人々はまた悔みを言った。ところが、その後、胡《こ》人が国境に攻めこんできたとき、近所の若者はみな要塞《ようさい》に徴集《ちょうしゅう》されて戦い、十人のうち九人までが戦死したが、老翁の子は怪我のために徴集されず、父子ともに無事であったという。

この話は『淮南子《えなんじ》』の「人間訓《じんかんくん》篇」に記載されていて、ここから〈塞翁《さいおう》が馬〉という言葉がでた。『史記』の「南越《なんえつ》伝」に、「禍福《かふく》は糾《あざな》える縄《なわ》のごとし」とあるが、意味はこれと同じで、人生の禍福には常がないことのたとえである。後に、元《げん》の熙晦機《きかいき》という坊さんの詩句に、「人間万事塞翁《さいおう》が馬、推枕軒《すいちんけん》（晦機《かいき》の住居）中雨を聴きて眠る」とあり、これから〈人間万事塞翁《さいおう》が馬〉といわれるようになった。

151 嚢中《のうちゅう》の錐《きり》

戦国時代、趙《ちょう》の孝成王《こうせいおう》のときのことである。秦《しん》軍が邯鄲《かんたん》（趙《ちょう》の都）を包囲したので、趙《ちょう》では平原君《へいげんくん》を楚《そ》におくって援軍を乞《こ》わせた。平原君《へいげんくん》は、自分のもとにいる食客のなかから、文武を兼備するもの二十人をえらんで行をともにしようとした。十九人までは選定できたが、どうしても最後の一人がきまらなかった。すると、毛遂《もうすい》という者が自薦《じせん》してきた。平原君《へいげんくん》が、

「先生は、わたしのもとに来られてから何年になりますか」

とたずねると、

「三年になります」

という答えである。そこで、平原君《へいげんくん》は言った。

「世の中の賢明な人士というものは、たとえば錐《きり》が嚢《ふくろ》の中にあるようなもので、その鋒先《さき》がたちどころにあらわれます〈賢士《けんし》の世に処《お》るは、譬《たと》えば錐《きり》の嚢中《のうちゅう》に処《お》るが如《ごと》し。その末たちどころに見《あら》わる〉。ところが、先生はすでにわたしのもとに三年もおられますが、だれ一人として先生を称賛するものがありません。つまり、先生には

才能がないのでしょう。お連れするわけにはいきません」

「いえ、わたくしは、今日はじめて嚢《ふくろ》の中にいれていただきたいとお願いしているのです。もし、はやくから嚢《ふくろ》の中にいれてくださいましたら、鋒先だけではなく、とっくに柄《え》までも突きぬけておりましたでしょう」

毛遂《もうすい》の答えが、あまりにきっぱりしていたので、平原君《へいげんくん》は彼を連れていくことにしたが、はたして、楚《そ》で本当に活躍したのは毛遂《もうすい》ひとりであった。

この話は、『史記』の「平原君列伝《へいげんくんれつでん》」にある。〈嚢中《のうちゅう》の錐《きり》〉は、この話からでた。〈錐《きり》、嚢《のう》を脱す〉ともいう。なお、〝錐《きり》〟をつかった成語としては、〝立錐《りっすい》の地〟――錐《きり》の先を立てるほどの微小の地――があり、「場内は満員で〝立錐《りっすい》の余地〟もない」のようにも使われる。

152　敗軍《はいぐん》の将《しょう》は兵《へい》を語《かた》らず

漢《かん》の韓信《かんしん》が「背水《はいすい》の陣《じん》」をしいて趙《ちょう》を破ったときのことである。このとき、韓信《かんしん》は魏《ぎ》から趙《ちょう》へ向かったのだが、井陘《せいけい》（河北省）の道をとおることで大いに悩んだ。それはどうしてもとおらなければならない道だったが、きわめて狭い道で、隊列がひどくのびて兵力が分散してしまう。その分散したところを趙《ちょう》軍に狙われたら、いかに韓信《かんしん》が知謀《ちぼう》の将軍であっても防《ふせ》ぎようがない。しかも、趙《ちょう》には広武君李左車《こうぶくんりさしゃ》というすぐれた軍略家がいて、この点をみのがすわけはない。事実、広武君《こうぶくん》は井陘《せいけい》の道で韓信《かんしん》の軍を討《う》つことを主張したのだが、それは趙《ちょう》軍首脳のいれるところとならなかった。韓信《かんしん》が進発《しんぱつ》したのは、趙《ちょう》のこうした事情をスパイが探知してからだった。

この戦いにあたって、韓信《かんしん》は広武君《こうぶくん》を生けどることを全軍に指令した。そして、戦い終って広武君《こうぶくん》が生けどられてくると、韓信《かんしん》は彼を厚遇して、北方の燕《えん》、東方の斉《せい》を伐《う》つ軍略をたずねた。

「〈敗軍の将は以《もっ》て勇を言うべからず、亡国の大夫《だいふ》（重臣）は以《もっ》て存《そん》（国を保つ）を図《はか》るべからず〉と申します。わたくしはあなたの捕虜《ほりょ》となった身です。そのわたくしが、あなたに軍略をのべる資格などありません」

これが広武君《こうぶくん》の答えであった。もっとも、その後、彼は韓信《かんしん》に協力するようになるが、その事情は省略する。

この話は、『史記』の「淮陰侯《わいいんこう》列伝」にある。〈敗軍の将は兵を語らず〉は、この〈敗軍の将は以《もっ》て勇を言うべからず〉からでた。

153 背水《はいすい》の陣《じん》

漢《かん》が天下を統一する約二年前、韓信《かんしん》が漢軍《かん》をひきいて趙《ちょう》を攻めたときのことである。井陘《せいけい》（河北省）の狭道《きょうどう》から進出した韓信《かんしん》は、河水《かすい》を背にして陣をしいた。趙軍《ちょう》はこれを河中に蹴落《けお》とさんものとはげしく攻めたてた。しかし、河水のためにさがるにさがれない漢軍《かん》は、死にもの狂いに戦い、ついに勝利をおさめた。その戦勝の祝宴のとき、部将たちが韓信《かんしん》にたずねた。

「兵法では、山を背《せ》に、水を前にして戦うのが常識です。ところが、今回は水を背にして戦い、しかも大勝利をおさめました。これはどうしたわけなのでしょうか」

「いや、これも兵法さ。己れを死地《しち》におとしいれてはじめて生をうるのは、立派な兵法の手だが、それを応用したのが〝背水の陣〟だ。わが軍は遠征につぐ遠征で、各地で兵力を補強しなければならなかったので、軍隊とはいうものの、いわば烏合《うごう》の衆だ。これを生地《せいち》においたのでは、ばらばらになってしまう。そこで一工夫《ひとくふう》しただけのことだ」

韓信《かんしん》の解答はきわめて明解だった。

この話は、『史記』の「淮陰侯列伝《わいいんこう》」にある。〈背水の陣〉は、この話からでたもので、失敗した場合には滅亡する覚悟で事にあたるという意味である。

154 杯中《はいちゅう》の蛇影《じゃえい》

魏晉《ぎしん》時代、晉《しん》に楽広《がくこう》という人がいた。その楽広《がくこう》が河南《かなん》の尹《いん》（長官）であったときのことである。親しく交際していた友人があったが、ぱったり姿をみせなくなってからかなりの月日が流れた。楽広《がくこう》は不思議に思って、あるとき、友人を訪ねてわけを問うた。友人は見るからに病人らしくやつれていて、おびえるような顔色で答えた。

「じつは、まえにお邪魔しましたときに酒をごちそうになりましたが、飲もうとすると杯の中に蛇《へび》が見えるのです。気味わるく思いましたが、とにかく飲みほしました。ところが、あれから、どうも気分も身体《からだ》もさえないのです」

楽広《がくこう》は考えた。このまえ飲んだのは役所の一室だった。あの部屋の壁には角《つの》製の弓が掛《か》かっている。あの弓には漆《うるし》で蛇の絵がかいてある。してみると、あの絵がうつったのではなかろうか。

――そこで、また友人を招待して、まえと同じ部屋に酒席をもうけ、同じ場所に坐《すわ》らせた。

「どうですか、また杯の中になにか見えますか」

「ああ、見えます。まえと同じように蛇が」

楽広《がくこう》は、それが弓の絵の影であることを説明した。友人は、ぱっと明るい気持ちになり、病気はいっぺんに治癒《なお》った。

この話は、『晋書《しんじょ》』の「楽広伝《がくこう》」にある。〈杯中《はいちゅう》の蛇影《じゃえい》〉は、この話からでた。疑いを持つとつまらぬ神経を病《や》む意で、「疑心暗鬼《ぎしんあんき》を生ず」と通じる言葉である。

155 馬脚《ばきゃく》を露《あらわ》す

元曲《げんきょく》（元代に流行した演劇）の『陳州糶米劇《ちんしゅうちょうべい》』の〝馬脚を露出《ろしゅつ》し来たる〟からでた言葉。

中国の芝居で舞台に馬がでる場合は、わが国の芝居と同じように、ほんものの馬ではなく役者が馬のかわりをする。その役者が、馬の役にたえきれずに、人間の足をだすことを〈馬脚を露《あらわ》す〉といったが、転じて、「いやに聖人ぶっていたが、とうとう〝馬脚を露《あらわ》した〟か」のように、真相を露出するとか地金《じがね》がでる意に用いられるようになった。〈しっぽをだす〉とか〈化《ば》けの皮がはがれる〉も同意である。なお、「馬脚」が文字どおり馬の足の意に使われた例は、ふるく『後漢書《ごかんじょ》』の「班超《はんちょう》伝」に、「互《たがい》に超《ちょう》の馬脚を抱きて、行くを得ず」とある。

156 破《は》鏡《きょう》

むかし、ある夫婦が、やむをえない事情から別居することになった。二人は鏡（金属製の古鏡）を二つに割って、ふたたび一緒に生活できる日がくるまで、各々がその半分ずつを保存することとした。ところが、その後、妻は恋人をつくって夫を忘れてしまった。すると、妻が保存していた鏡のかたわれが鵲《かささぎ》と化し、夫のもとに飛びかえってきた。

この話は、『神異《しんい》経』にある。〈破鏡〉はこの話からでて、夫婦の離別の意に用いられる。

なお、金属製の鏡を鋳造《ちゅうぞう》するときに、その背面に鵲《かささぎ》の模様をつけるのは、この話から始まったということである。

157 白眼《はくがん》（視《し》）

「竹林《ちくりん》の七賢《しちけん》」といえば、俗世をさけて常に竹林に遊び、高踏的《こうとうてき》な生活をしたことで有名であるが、その七賢の一人である阮籍《げんせき》は、よく青白眼《せいはくがん》をしたことで名高い。すなわち、彼は酒と琴《こと》を愛好して、礼教に拘束されることを嫌い、もっともらしく礼儀正しい俗人にあうと白い眼をしてにらみつけ、気に入った人物にあうと青い眼をして歓《よろこ》び迎えたという。

この話は、『晋書《しんじょ》』の「阮籍伝《げんせきでん》」にある。〈白眼〉は、軽蔑《けいべつ》の念をこめてにらみつける意で、〈白眼視《はくがんし》〉と「視」をつけて使用されることが多い。

158 白眉《はくび》

三国時代、蜀漢《しょくかん》の劉備《りゅうび》につかえた馬良《ばりょう》（字《あざな》は季常《きじょう》）は、文武両道にすぐれた人物で、のちに諸葛孔明《しょかつこうめい》が劉備《りゅうび》の本営に加わると、ただちに〝刎頸《ふんけい》の交《まじわり》〟（233ページ参照）をむすんだほどであった。その馬良《ばりょう》は、湖北《こほく》の宣城《せんじょう》の人で、兄弟は五人。

五人とも字《あざな》に「常《じょう》」の字がついていたので、「馬氏《ばし》の五常《ごじょう》」とよばれた。みな才名が高かったが、なかでも馬良《ばりょう》が一番すぐれていたので、宣城《せんじょう》の人々は、「馬氏《ばし》の五常《ごじょう》はみな俊秀《しゅんしゅう》だが、そのなかでも、あの〝白眉《はくび》〟が一番だ」とほめそやした。馬良《ばりょう》は、幼時から眉《まゆ》のなかに白毛がまじっていたので、こう言われたのである。

この話は、『蜀志《しょくし》』の「馬良伝《ばりょう》」にある。〈白眉《はくび》〉はこの話からでた言葉で、衆のなかでひとり特にすぐれているという意味に用いられるようになった。

159
馬耳東風《ばじとうふう》

〈馬耳東風〉は、李白《りはく》の「東風の馬耳を射《い》るが如《ごと》きあり」という詩句からでた言葉である。その詩は、『王十二《おうじゅうに》の寒夜《かんや》に独《ひと》り酌《く》んで懐《かい》あるに答う』と題する詩で、詩題のごとく、王十二《おうじゅうに》という友人が李白《りはく》に『寒夜《かんや》に独《ひと》り酌《く》んで懐《かい》あり』と題する詩をおくってきたのに答えた詩である。王十二《おうじゅうに》の詩がどんな詩であったかはわからないが、とにかく自分の不遇を李白《りはく》にうったえたものであったらしい。それに対して李白《りはく》は、答詩をつくって友人を励ましたわけである。その詩は長短句をもちいた長い詩であるが、簡単に主旨《しゅし》を紹介しよう。

君は能《よ》くせず　狸膏金距《りこうきんきょ》　闘雞《とうけい》を学び
坐《いなが》ら鼻息をして虹霓《こうげい》を吹かしむるを
君は能《よ》くせず　哥舒《かじょ》を学び
青海《せいかい》を横行して夜刀を帯び
西のかた石堡《せきほう》を屠《ほう》って紫袍《しほう》を取るを

〈王十二《おうじゅうに》よ、君には当世流行の闘雞《とうけい》（鶏）の技をねり、勝利をおさめて得意満面で世をおくることはできない。また、辺境の地でわずかばかりの戦功をたて、それを誇大に宣伝して世にときめくこともできない。〉

詩を吟《ぎん》じ賦《ふ》を作る北窻《ほくそう》の裏《うち》
万言直《あたい》せず一杯の水
世人これを聞きてみな頭を掉《ふ》る
東風の馬耳を射《い》るが如《ごと》きあり

〈君にできることといえば、静かな北の窓にもたれて詩をつくることなのだが、いかにすぐれた詩を沢山つくったところで、いまの世の中ではそれは一杯の水にも値しないのだ。人々は詩をきいてもただ頭をふって受けつけず、東風が馬の耳に吹いているような状態だから。〉

達《たつ》もまた貴《とうと》ぶに足らず
窮《きゅう》もまた悲しむに足らず

〈しかしだ、われわれは詩人ではないか。詩人たるものは、はじめからこの世における栄達《えいたつ》など問題にせず、また、困窮《こんきゅう》を悲しまずに精神の高さを堅持するものではなかったか。〉

以上が、『王十二《おうじゅうに》の寒夜《かんや》に独《ひと》り酌《く》んで懐《かい》あるに答う』という詩の主旨である。〈馬耳東風〉とは、人の意見や批判などをただ聞き流すという意味であり、わが国では〈馬の耳に風〉とも〈馬の耳に念仏〉ともいう。

160　破竹《はちく》の勢《いきおい》

蜀漢《しょくかん》が亡《ほろ》びて三国鼎立《ていりつ》の形勢がくずれた後、魏《ぎ》のあとをついだ東晋《とうしん》と、南方の呉《ご》が対立していたときのことである。東晋《とうしん》の武《ぶ》帝の太康《たいこう》元年二月、東晋《とうしん》の鎮南《ちんなん》大将軍杜預《とよ》は、呉《ご》の武昌《ぶしょう》をおとしいれて次の作戦をねった。ときはすでに春であり、江水《こうすい》（揚子江《ようすこう》）の水かさも増して、どちらかといえば、水上戦になれた呉《ご》軍に有利な状況が考えられたので、部将のうちには、いったん引きあげて来《きた》るべき冬にふたたび来襲した方がよいと主張するものがあった。すると、杜預《とよ》は言った。

「いまや、わが兵威《へいい》は大いにふるい、竹をさくようなすさまじい状況だ〈いま、兵威すでに振い、譬《たと》えば竹を破るがごとし〉。竹はいくつかの節《ふし》をさくと、そのあとは自然にさけて刃を迎えるようになるが、いまの彼我《ひが》の状況はこれと同じで、必勝のときだ」

こうして、東晋《とうしん》軍はまっしぐらに呉《ご》の都建業《けんぎょう》（いまの南京）に攻めこみ、ついにそれを攻略したのである。

以上は『晋書《しんじょ》』の「杜預《とよ》伝」にある話であるが、くだって『北史《ほくし》』の「周《しゅう》・高祖《こうそ》紀」や『唐書《とうじょ》』の「王安宰伝《おうあんさいでん》」には、〝破竹《はちく》の勢《いきおい》に乗《じょう》ず〟という言葉がある。〈破竹の勢〉とは、竹をさくときのような猛烈な勢の意で、敵するもののないたとえである。

161 跋扈《ばっこ》

後漢《ごかん》の梁冀《りょうき》は、順《じゅん》帝の皇后の梁后《りょうこう》と同胞であった。順《じゅん》帝のときから大将軍として勢威をふるっていたが、順《じゅん》帝が死んで冲《ちゅう》帝が二歳で即位し、梁后《りょうこう》が太后として朝政にあたるようになると、ますます専横《せんおう》をきわめた。冲《ちゅう》帝は病弱で、即位してわずか三カ月で死んだ。すると、梁冀《りょうき》は太后と相談して、質《しつ》帝を即位させた。そして、天下をわがもの顔にふるまった。質《しつ》帝は八歳で即位した子供であったが、なかなか聡明で、梁冀《りょうき》の専横ぶりをにがにがしく思っていた。即位して一年半ばかりたったある日、朝議の席で、梁冀《りょうき》を指さして、

「この人は跋扈《ばっこ》将軍だ」

と群臣に言った。梁冀《りょうき》は怒って、質《しつ》帝を毒殺した。

この話は、『後漢書《ごかんじょ》』の「梁冀伝《りょうきでん》」にある。〈跋扈《ばっこ》〉の扈《こ》は、魚をとるための水中

の竹籠。大魚はそれを跳びこえて逃げる。すなわち〈跋扈〉である。転じて、臣下が権をほしいままにして上をおかすという意味になり、さらに、一般にのさばるという意味に使われるようになった。

162　破天荒《はてんこう》

唐《とう》時代の荊《けい》州は住民の教養度のひくい土地で、そこから選ばれて高等文官試験に応ずるものは、全員落第するのが毎年の例であった。それ故《ゆえ》に、当時の人々は、荊《けい》州を「天荒《てんこう》」とよんでいた。「天荒」とは、天地がまだ開けないときの混沌《こんとん》たる状態のことで、荊《けい》州の住民の未開さを軽侮《けいぶ》してこうよんだのである。ところが、ある年、劉蛻《りゅうぜい》という人物が、みごとに及第《きゅうだい》して世人をあっといわせた。彼は「天荒」を被《やぶ》ったわけである。

この話は、『北夢瑣言《ほくぼうさげん》』にある。〈破天荒〉はこの話からでた。「〝破天荒〟な快挙」とか「この破天荒な事業は世界を驚かせた」というように使い、人がまだしないことを率先してすることを意味する。

ハ

163　尾生《びせい》の信《しん》

むかし、魯《ろ》に尾生《びせい》という男がいた。生まれついての正直者で、約束をやぶったことなど一度もなかった。

その尾生《びせい》が、あるとき、さる女性とデートの約束をした。場所は橋の下である。彼は時間どおりにそこへ到着したが、女性はいつまでたっても現れない。そのうちに、上げ潮で河の水がふえてきた。彼は足から膝《ひざ》、膝から胸と水びたしになったが、それでもおとなしく待っていた。とうとう水が頭を越すにおよんで、彼は橋の柱にしがみついたが、その甲斐《かい》もなく溺死《できし》してしまったという。

この話は、『荘子《そうじ》』の「盗跖伝《とうせきでん》」および『史記』の「蘇秦《そしん》列伝」にあり、ここから〈尾生《びせい》の信〉という言葉がでた。荘子《そうじ》は尾生《びせい》を評して、「つまらぬ名目にこだわって、生命を粗末にしたくだらぬ男」といい、蘇秦《そしん》は「信なること尾生《びせい》のごとき云々《うんぬん》」とその信義をたたえているが、読者はどちらをとられるだろうか。

164 顰《ひそみ》に効《なら》う

いわば猿《さる》まね的に、是非善悪を考えずに、やたらに人まねするという意味。

むかし、西施《せいし》という美人がいた。呉《ご》・越《えつ》の抗争がたけなわのころ、越《えつ》王勾践《こうせん》は呉《ご》王夫差《ふさ》を油断させようとして、よりすぐった五十人の美姫《びき》をおくったが、西施《せいし》はその中で最も美しかったという。その西施《せいし》が、あるとき、帰省《きせい》していた郷里の路上で癪《しゃく》をおこした。苦痛をこらえて、胸をおさえ、眉《まゆ》をひそめて歩く彼女の姿は、根が美人であるだけに、また異様な艶麗《えんれい》さをたたえていた。それを見たのが村でも評判の醜女《しこめ》、〈なるほど、あのようにすれば美しく見えるのだ〉と早合点《はやがてん》して、さっそくまねして歩いた。ただでさえ醜《みにく》い女が、妙にしなをつくって眉をひそめて歩くのだから見られたものではない。資産家は毒気にあてられては大変だと邸の門をとざし、貧乏人は子供が虫でも起こしてはと心配して、村の外に逃げだしたという。

この話は、『荘子《そうじ》』の「天運篇《てんうん》」にある。顰《ひそみ》とは、眉間《みけん》にしわをよせ顔をしかめること。誰からも相手にされない猿まねの悲劇、それが〈顰《ひそみ》に効《なら》う〉ことの本来のふくみであるが、転じて、「私も某氏の〝顰《ひそみ》に効《なら》って〟一書をものしたいと思う」というように、謙遜《けんそん》的な表現にも使われる。

165 匹夫《ひっぷ》も志《こころざし》を奪《うば》うべからず

『論語《ろんご》』の「子罕篇《しこう》」の言葉。全文は「三軍も帥《すい》を奪うべし。匹夫も志を奪うべからず」である。匹夫とは、一人のおとこ、または、いやしいおとこ。ここでの匹夫はその両方をあわせたものだろう。大軍で守備している大将を捕虜にすることはできても、匹夫の精神を奪いとることはできないの意。きわめて簡単な表現であるが、人間の心の尊厳がよく示されている。

166 髀肉《ひにく》の嘆《たん》

劉備玄徳《りゅうびげんとく》といえば『三国志《さんごくし》』であまりにも有名であるが、その劉備《りゅうび》がまだ蜀漢《しょくかん》の王ともならず、諸葛孔明《しょかつこうめい》とも出会わなかったころのこと、曹操《そうそう》の暗殺をくわだてて失敗し、流れ流れて荊《けい》州の劉表《りゅうひょう》のもとに身をよせていたことがある。

ある日、劉備《りゅうび》は、劉表《りゅうひょう》と酒を飲んでいたが厠《かわや》に立った。そして、もどってくると涙を流して泣いている。劉表《りゅうひょう》がいぶかしく思ってそのわけをたずねると、劉備《りゅうび》は答えた。

「わたくしは、漢《かん》室復興という大望のある身、これまでは戦場を走りまわっておりましたので、馬の鞍《くら》のために髀《ふともも》にほとんど肉がつきませんでした。それが、いまはあなたのもとに身をひそめて、安閑《あんかん》としておりますので、髀《ふともも》によけいな肉がついてしまいました。月日は流れるように去り、やがて年老いてしまいましょうものを、なんら功業《こうぎょう》も建てえないのが悲しいのです」

この話は、『三国志《さんごくし》』の「蜀志《しょくし》」にあり、〈髀肉《ひにく》の嘆《たん》〉はこの話からでた。功名《こうみょう》をたてたり、腕まえを発揮したりする機会を得ない嘆《なげ》きをいう。「まあ、そう〝髀肉《ひにく》の嘆《たん》〟をかこつな」とか、「はやく時機がこないものか、まったく〝髀肉《ひにく》の嘆《たん》〟にたえない」というように使う。

167 弥縫《びほう》

春秋時代のはじめのころ、周《しゅう》の桓《かん》王は、傾いてきた周《しゅう》王朝の権威をとりもどしたいと思った。

そのころ、鄭《てい》の荘《そう》公が卿《けい》（大臣）として周《しゅう》王朝の政治の実権をにぎり、羽ぶりをきかせていたが、桓《かん》王はその実権を奪った。すると、荘《そう》公は怒って王朝に出仕しなくなったので、桓《かん》王はそのことを理由にして、虢《かく》・蔡《さい》・衛《えい》・陳《ちん》の諸侯の軍を徴《ちょう》して、みずから総指揮官として鄭《てい》を伐《う》った。

王軍きたると聞くと、荘《そう》公は陣地をかまえてこれを迎え撃つことにしたが、その陣立ては、「魚麗《ぎょり》の陣を為《な》し、偏《へん》を先にし伍《ご》を後にし、承《う》けて弥縫《びほう》す」（円形の陣地をつくり、戦車をその陣頭におき、歩兵を後陣に配して戦車隊のすきまを縫《ぬ》いあわせてふさいだ）であった。交戦の結果は桓《かん》王の敗北に終り、荘《そう》公の名声は天下にとどろいのである。

この話は、『春秋左氏《さし》伝』にある。〈弥縫《びほう》〉は、この話からでた。〈弥《び》〉はあまねく、すみずみまでという意。〈弥縫《びほう》〉は足りない点をおぎないあわせること、また、欠点や失敗などをとりつくろうという意である。

168　百尺竿頭《ひゃくせきかんとう》、一歩《いっぽ》を進《すす》む

招賢《しょうけん》大師が一つの偈《げ》（仏の徳または教理を讃美する詩）を示されたが、それには、

「百尺《しゃく》もある高い竿《さお》のいただきで身を動かさない人は、悟《さと》りに入った人といえるが、まだ真物《しんぶつ》ではない。百丈《じょう》（尺《しゃく》の十倍）の竿頭《かんとう》にあって歩を進めるべきである。そうすれば、十方世界はこれ全身であると悟るであろう」とあった。

この話は、『秉燭談《へいしょくだん》』と『伝燈録《でんとうろく》』にあるが、はじめの部分が、『秉燭談《へいしょくだん》』には〈百尺竿頭不動身《ひゃくせきかんとう》〉とあり、『伝燈録《でんとうろく》』には〈百尺竿頭不動人《ひゃくせきかんとう》〉とある。〈百尺竿頭一歩を進む《ひゃくせきかんとう》〉とは、すでに工夫した上にもさらに工夫して向上する意である。これから、〈百尺竿頭進一歩法《ひゃくせきかんとう》〉なるものがでた。文章や弁論法の名で、すでに十分に論じた上で、さらに一歩を進めて強調する論法で、「以上でわたくしの意はつくされたのでありますが、百尺竿頭《ひゃくせきかんとう》一歩を進めますと……」などの類である。

169　百聞《ひゃくぶん》は一見《いっけん》に如《し》かず

漢《かん》の宣《せん》帝の時代に、羌《きょう》というチベット種族系の遊牧民族が反乱をおこした。その勢力はあなどりがたく、漢《かん》軍は大敗した。宣《せん》帝は事態を憂慮《ゆうりょ》して、派遣すべき適当な将軍をもとめた。このとき、その将軍を買ってでたのが趙充国《ちょうじゅうこく》である。当時、趙充国《ちょうじゅうこく》はすでに七十歳をこえていたが、青年時代から匈奴《きょうど》との戦いで多くの功績をのこした彼は、まだ元気いっぱいだった。宣帝《せん》は趙充国《ちょうじゅうこく》を起用することに心を決し、召《め》しだしてたずねた。

「いかなる軍略をとるのか。また、どれほどの兵力を必要とするか」

するど、老将軍は答えた。

「およそ、軍事は現地に則して決定すべきもので、現地をはなれた遠方からは計《はか》りがたいものです。〝百聞《ひゃくぶん》は一見《いっけん》に如《し》かず〟です。現地におもむいて地理や情勢を検討いたしましたうえで、方策をたてたいと存じます」

かくて、趙充国《ちょうじゅうこく》は金城《きんじょう》（甘粛省《かんしゅく》）におもむき、実地を踏査《とうさ》して情勢をつかみ、屯田《とんでん》の策をたてた。すなわち、歩兵約一万を各地に配置して農耕にあたらせつつ、彼自身も一年その地にとどまって、ついに反乱を鎮定《ちんてい》したのである。

この話は、『漢書《かんじょ》』の「趙充国伝《ちょうじゅうこく》」にある。〈百聞は一見に如《し》かず〉の意味は、改めて説明するまでもあるまい。

170　豹変《ひょうへん》

『易経《えき》』の「革《かく》」の卦《け》の爻辞《こうじ》に、「君子豹変《ひょうへん》す、小人面《おも》を革《あらた》む」とあるのが、〈豹変〉の出どころである。豹の毛皮の斑紋《はんもん》が目だつように、君子があやまちを改めるのはきわめてはっきりしているの意であるが、転じて人の態度や性行が一変する意に使われ、たとえば「彼はちかごろ〝豹変〟した。用心してつきあった方がいいよ」などのように、むしろ悪い意味に使われることが多いようだ。

豹といえば、その毛皮は貴重品であるが、それにちなんで「豹は死して皮を留《とど》め、人は死して名を留む」という言葉がある。唐《とう》が亡《ほろ》びて宋《そう》が興《おこ》るまでの、いわゆる「五代《ごだい》」の戦乱期のことであるが、梁《りょう》の太祖《たいそ》（皇帝）・朱全忠《しゅぜんちゅう》につかえた王彦章《おうげんしょう》という勇将がいた。王彦章《おうげんしょう》は、戦場では槍《やり》をふるってしばしば大功をたて、一生を梁《りょう》にささげた忠節の士であったが、文字はほとんど知らなかった。ただ、つねに諺《ことわざ》を口にしていたが、とくに「豹は死して皮を留《とど》め、人は死して名を留む」をこのみ、生活の信条にしていたという。

171 比翼連理《ひよくれんり》

『長恨歌《ちょうこんか》』が、唐《とう》の玄宗《げんそう》皇帝と楊貴妃《ようきひ》の恋物語を白楽天《はくらくてん》がうたった詩であることは、すでにご承知のことであろう。そのなかに、二人の誓いの言葉としてあるのが、つぎの両句である。

天にありては願わくは比翼《ひよく》の鳥とならん
地にありては願わくは連理《れんり》の枝とならん

〈比翼の鳥〉は、それぞれ翼《つばさ》が一つで、二羽ならんで翼が二つになり、はじめて飛ぶことができるという鳥であり、〈連理の枝〉は、二本の木の枝と枝がくっついて、木理《もくめ》が一つになったものである。ともに夫婦仲のむつまじいたとえに用いられる。〈比翼塚《ひよくづか》〉というと、心中した男女を合葬《がっそう》した墓のことである。

なお、〈連理〉には孝行の象徴といった意もあり、それは後漢《ごかん》の蔡邕《さいよう》の故事からでている。すなわち、蔡邕《さいよう》は非常な孝行者で、病弱な母にあらんかぎりの孝養《こうよう》をつくしたが、母の死後に、蔡邕《さいよう》の部屋のまえに二本の木が生じ、それが次第にくっついて一つの木理《もくめ》になった。人々は遠方からもその木を見にきて、孝行が生んだ現象として称賛したというのである。ただし、この場合には、枝についてはふれていない。

172 風声鶴唳《ふうせいかくれい》

南北朝時代、南では東晋《とうしん》の孝武《こうぶ》帝のころ、北では前秦《ぜんしん》の符堅《ふけん》王がなかなかの手腕家《しゅわんか》で、周囲の国々を兼併《けんぺい》して強国にのしあがった。そして、孝武《こうぶ》帝の太元八年に、符堅《ふけん》王はついに軍を南方にすすめることに決し、みずから六十万の兵と二十七万の騎馬をひきいて長安《ちょうあん》を出発した。東晋《とうしん》では、宰相《さいしょう》・謝安《しゃあん》の弟の謝石《しゃせき》が総指揮官、甥《おい》の謝玄《しゃげん》が先鋒の将軍となり、八万の軍勢をととのえた。両軍は淝水《ひすい》（川の名）をはさんで相対したが、謝玄《しゃげん》から符堅《ふけん》王に「前秦《ぜんしん》軍を岸から少々さげてほしい。そうすればわが軍が淝水《ひすい》を渡るから、そこで決戦しようではないか」と申し入れた。符堅《ふけん》王は悪い条件ではないと判断して、自軍にほんのすこし退却するように命令した。ところが、なにを勘違いしたものか、前秦《ぜんしん》軍はとめどもなく退去しはじめて、みずから混乱してしまった。そこへ東晋《とうしん》軍が攻め込んだので、さしもの大軍も収拾がつかなくなり、兵士たちはやみくもに逃げだして、風声鶴唳《ふうせいかくれい》をきいても敵軍の追撃だとおびえる始末であった〈走《にぐ》る者、風声鶴唳《ふうせいかくれい》を聞きて、みなおもえらく晋《しん》兵至ると〉。こうして、符堅《ふけん》王の雄図《ゆうと》も挫折したのである。

この話は、『晉書《しんじょ》』の「謝玄伝《しゃげんでん》」にある。〈風声鶴唳《ふうせいかくれい》〉は、風の音、鶴のなき声で、〈風声鶴唳《ふうせいかくれい》に驚く〉とつづけて、おじけづいて何でもないことに恐れをいだく意に用いられる。

173　俯仰天地《ふぎょうてんち》に愧《は》じず

孟子《もうし》は、「君子には三つの楽しみがある。それは天下の王者になることとは関係がない。父母がともに存命し、兄弟に事故がなく、安らかに家庭生活をおくることが一の楽しみである。よく自分の邪心や私心にうちかって、仰いでは天に愧《は》じず、俯《ふ》しては人に愧《は》じないのが二の楽しみである〈仰ぎて天に愧《は》じず、俯して人に愧《は》じざるは、二楽なり〉。そして、天下の英才を膝下《しっか》にあつめて、これを教育するのが三の楽しみである」とのべているが、おそらく晩年における述懐であろう。

この言葉は、『孟子《もうし》』の「盡心篇《じんしん》」にある。この三つの楽しみを「君子の三楽」というが、〈俯仰天地《ふぎょうてんち》に愧《は》じず〉は、「仰ぎて天に愧《は》じず、俯して人に愧《は》じず」からでた。なにものにも愧《は》じない心境は、克己《こっき》から生ずるというのである。

174 覆水盆《ふくすいぼん》に返《かえ》らず

釣師《つりし》のことを太公望《たいこうぼう》という。太公望とは、もともと呂尚《りょしょう》という人物で、太公望はその称号である。あるとき、渭水《いすい》のほとりで釣りをしていて、周《しゅう》の西伯《せいはく》（後の文王《ぶんおう》）にみいだされた故事から、太公望といえば釣師をさすようになったのである。

その太公望呂尚《りょしょう》は、若いころ読書にばかり熱中していて家事をかえりみなかった。当然、家計は火の車である。妻はあいそをつかして出ていってしまった。ところが、貧乏に耐えて学識を身につけた結果、呂尚《りょしょう》は西伯《せいはく》に師と仰がれ、周《しゅう》の天下になると斉《せい》一国を領する殿様になった。すると、さきに逃げだした妻がやってきて、ふたたび妻にしてほしいと申しでた。呂尚《りょしょう》は水鉢《みずばち》の水を地面にこぼし、彼女にその水を水鉢に入れなおしてみろと言った。いったん地面にこぼした水は地中にしみこんで、もとの水鉢におさまるわけがない。彼女がけげんな顔をしていると、呂尚《りょしょう》は「覆水盆《ふくすいぼん》に返らず」と言った。

この話は、『拾遺記《しゅういき》』にある。つまり、〈覆水盆《ふくすいぼん》に返らず〉は、一度出ていった妻はふたたびその人の妻にはなりえない、というのがもとの含みであるが、「こんな結果になって気の毒だが、〈覆水盆《ふくすいぼん》に返らず〉だ、あきらめろ」というように、やってしまったことは取り返しがつかない意にも使う。

175 不肖《ふしょう》

〈不肖〉の原義は愚者《ぐしゃ》である。すなわち、「賢《けん》不肖」の「不肖」で、人は天から生まれたものという前提にたち、その天に似ないものという意味で、人に如《し》かざるもの——愚者なのである。『中庸《ちゅうよう》』には、「賢者はこれに過ぎ、不肖者は及ばざるなり」とあり、その後もよくこのように使われたが、いまのわが国には、あまりこの使用法はない。

つぎに、父に似ない不才者《ふさいもの》という意味があり、『史記』には、「堯《ぎょう》、子・丹朱《たんしゅ》の不肖にして、天下を授《さず》くるに足《た》らざるを知る」とある。これは、いまでも生きていて、「君は〝不肖者〟だよ、お父さんはあんなに偉かったのに」のように使われる。また、愚かな父を「不肖の父」という場合もあり、『孔子家語《こうしけご》』には、「冉雍《ぜんよう》は不肖の父より生まる」とあるが、いまはこの使い方もほとんどない。

最後に、愚者の意から転じて、自己の謙称《けんしょう》として使う。たとえば、「〝不肖〟わたくしが当選させていただきました暁《あかつき》には、これらの公約は必ず実行いたします」とか、「わたくし、〝不肖者〟ではありますが、この任務の遂行には全力をかたむける決心であります」のたぐいである。

176　駙馬《ふば》

辛道度《しんどうど》という男は、隴西《ろうせい》（甘粛省《かんしゅくしょう》）の出身である。学問修業の旅をしていて、雍《よう》州（陝西省《せんせいしょう》）の町の郊外にさしかかったとき、大きな邸宅があり、門前に下女《げじょ》が立っているのを見た。辛道度《しんどうど》はちょうど空腹を感じていたので、門までいって食べ物を請《こ》うた。下女はうなずいて内へ入ったが、やがて出てきて、女主人の命令だと言って彼を邸中に招き入れた。

こうして、辛道度《しんどうど》は女主人の部屋でご馳走《ちそう》になったが、食事が終わると、女主人が言った。

「わたしは秦《しん》の閔《びん》王の娘で、お嫁入りのために曹《そう》の国まで行ったのですが、不幸にも挙式の前に死んでしまいました。それから二十三年、ここにひとりで暮らしております。あなたは今日せっかくおいでくださったのですから、どうか、わたしと夫婦になって下さい」

それから三日たつと、女主人は悲しげに涙をこぼしながら、
「あなたは生身《なまみ》の人間で、わたしは幽霊《ゆうれい》です。前世からの因縁《いんねん》であなたと契《ちぎり》を結びましたが、それは、三日まではよろしいのですが、それより久しくなりますと禍《わざわい》がおこります。たった三日の契《ちぎり》では楽しみも尽くせませんでしたが、お別れしないわけにはいきません。お別れするからには、せめて、わたしの真心のしるしに何かさしあげましょう」

と言って、寝台の後の箱から金の枕を取りだして辛道度《しんどうど》におくり、下女に門の外まで送らせた。辛道度《しんどうど》が門をでてから、ふとふりかえってみると、そこには邸宅はなく、墓が一つぽつんと建っていた。辛道度《しんどうど》はぞっとして、あわてて逃げだしたが、懐中《かいちゅう》をさぐってみると、金の枕はたしかにあった。

その後、辛道度《しんどうど》は秦《しん》の国へ行き、金の枕を市場で売ろうとした。ところが、たまたま旅行中の秦《しん》の王妃《おうひ》がその枕に目をとめ、どこで手に入れたかを問うた。辛道度《しんどうど》はありのままに話したが、王妃はなお信用せず、人をおくって調べさせた。墓をあばき、棺《ひつぎ》をあけてみると、すべては葬《ほうむ》ったときのままであったが、ただ、枕だけがなかった。娘の死体を調べてみると、男と交わったあとが歴然としていた。そこで、王妃は、

はじめて辛道度《しんどうど》の話を信じ、嘆息《たんそく》して言った。

「わが娘は、非常に不可思議な存在じゃ。死んで二十三年もたったのに、いまだに生身の男と交わることができるとは。亡き娘と交わったこの男こそ、真のわが女婿《むすめむこ》じゃ」

そして、辛道度《しんどうど》を駙馬都尉《ふばとい》に任じ、多くの金品を与えて本国に帰らせた。こうしたことがあってから、人々は女婿を「駙馬《ふば》」とよぶようになった。

以上の話は、『捜神記《そうしんき》』にある。もとより、人々の口から口へと語り伝えられた神《しん》奇《き》な話の類《たぐい》で、そのまま信用することはできないが、女婿を〈駙馬《ふば》〉とよんでいるのは当たっている。〈駙馬《ふば》〉とはもともと副馬《そえうま》のことであり、「駙馬都尉《ふばとい》」とは漢《かん》代の官名で、皇帝の乗用車の予備の馬——副馬を管理するのがその役目であった。ところが、いつの頃からか皇女の夫をその官につかせるようになったので、皇帝の女婿を〈駙馬《ふば》〉とよぶようになり、さらに、一般に女婿をそうよぶようになったのである。

177 刎頸《ふんけい》の交《まじわ》り

秦《しん》から「和氏《かし》の璧《へき》」を完《まっと》うして趙《ちょう》に帰った藺相如《りんしょうじょ》（「完璧《かんぺき》」の項、64ページ参照）は、その後、趙《ちょう》王と秦《しん》王が澠池《めんち》で会合したとき、趙《ちょう》王が恥をかかされるのを救った功で上卿《じょうけい》（大臣）に任ぜられた。つまり、その位が趙《ちょう》の名将廉頗《れんぱ》より上になったのである。当然、廉頗《れんぱ》はおもしろくない。

「わしは、戦場で命をまともに戦ってきたのだが、藺相如《りんしょうじょ》は、功労といっても口さきだけのことではないか。よし、こんど会ったら必ず恥をかかせてやるぞ」

藺相如《りんしょうじょ》はこのことを聞くと、朝廷でも廉頗《れんぱ》と顔を合わせないようにし、路上でも廉頗《れんぱ》の車を見かけると路地にさけた。それがいかにも廉頗《れんぱ》を恐れているように見えたので、こんどは藺相如《りんしょうじょ》の部下たちがおさまらない。〝うちの殿さまは大人物だと思っていたのに、とんでもない卑怯者《ひきょうもの》だったのか〟とばかり、暇《いとま》を乞《こ》うものがでた。すると、藺相如《りんしょうじょ》は言った。

「秦《しん》王さえ恐れないわしが、廉頗《れんぱ》将軍だけを恐れる道理がない。考えてみると、強暴な秦《しん》がわが趙《ちょう》を攻めないのは、将軍とわしがいるからだ。その二人が争えば、どちらかが倒れることになり、秦《しん》の侵略は必至だろう。だから、国家の危急をさきにして、私的な怨《うら》みを後回しにしているだけだ」

これを聞いた廉頗《れんぱ》は、心から藺相如《りんしょうじょ》に謝罪し、二人はついに〈刎頸《ふんけい》の交《まじわり》〉――その人のためなら頸《くび》を刎《はね》られてもよいというほどの親交――を結んだという。

この話は、『史記』の「廉頗《れんぱ》・藺相如《りんしょうじょ》列伝」にある。

178 旁若無人《ぼうじゃくぶじん》

燕《えん》の太子丹《たん》にたのまれて秦《しん》の始皇帝《しこうてい》を殺しにいったことで有名な荊軻《けいか》が、故国の衛《えい》をあとにして、はじめて燕《えん》にあらわれたころのことである。荊軻《けいか》は、犬殺の某と、筑《ちく》（琴《こと》に似た楽器）のうまい高漸離《こうぜんり》が気に入った。酒好きの荊軻《けいか》は、毎日のようにこの二人と一緒に燕《えん》の都の市《いち》を飲みまわった。そして、酒がたけなわになると、高漸離《こうぜんり》が筑《ちく》をうち、荊軻《けいか》がそれにあわせて歌うのだが、たがいに楽しんでいるかと思うと急に泣きだしたりして〝旁若無人《ぼうじゃくぶじん》〟〈旁《かたわ》らに人なきが若《ごと》し〉のありさまであったという。

この話は、『史記』の「刺客《しかく》列伝」にある。〈旁若無人《ぼうじゃくぶじん》〉の方が「旁《かたわ》らに人なきが若《ごと》し」よりも通りがいいようだ。ただし、いま〈旁若無人《ぼうじゃくぶじん》〉というと、人を人とも思わず何でもやってしまう、あきれた性格がこめられているようだが、荊軻《けいか》の話からは、もっと純粋な無邪気《むじゃき》さが感ぜられる。

なお、荊軻《けいか》がいよいよ始皇帝《しこうてい》を殺しに秦《しん》にのりこむとき、易水《えきすい》（川の名）のほとりで高漸離《こうぜんり》の筑《ちく》に和して歌ったのが、

ホ

風蕭々《しょうしょう》として易水《えきすい》寒し
壮士《そうし》一《ひと》たび去って後《ま》た還《かえ》らず

という有名な歌である。この歌には、死を決した大丈夫《だいじょうふ》のきびしさがこめられているが、そのきびしさは、〈旁若無人《ぼうじゃくぶじん》〉にふくまれている純粋な無邪気さの変形とみてよいのではなかろうか。

179 亡羊《ぼうよう》の嘆《たん》

むかし、楊子《ようし》という学者の隣人が羊《ひつじ》を亡《に》がした。隣人は一家総出動の上に楊子《ようし》の童僕《どうぼく》(下男)まで借りうけて羊を追いかけた。楊子《ようし》が、

「たった一匹の羊が亡《に》げただけなのに、ばかに大がかりで追迹《ついしょう》するのですね」

と言うと、

「岐路《えだみち》が多いので、人数も多くなければならないのです」

という返事だった。やがて、帰ってきたので、

「つかまりましたか」

とたずねると、だめだったという。さらに、どうしてだめだったのかとたずねると、
隣人は答えた。

「岐路《えだみち》のなかにまた岐《えだ》があり、どちらに追いかけたらよいかわからないのです。ですから、あきらめて帰ってきました」

これを聞くと、楊子《ようし》はいとも厳粛《げんしゅく》な顔つきにかわった。ものも言わないし、まして笑いの影などはない。ただ一心に考えている。弟子たちが怪《あや》しんで、

「亡《に》がしたといっても、羊はあまり価値のない家畜にすぎません。それに先生の所有物でもありませんのに、どうしてそんなに深刻に考えておられるのですか」

とたずねても、一言も答えなかった。そのようにして数日たってから、楊子《ようし》は言った。

「大道は別れ路《みち》が多いために羊を失い、学問をするものは、学問の道が多方面であるために真理をつかみがたく、むなしく一生を終わってしまうのだ〈大道は多岐《たき》を以《もっ》て羊を亡《うしな》い、学者は多方を以《もっ》て生を喪《うしな》う〉」

この話は、『列子《れっし》』の「説符篇《せっぷへん》」にある。〈亡羊の嘆《ぼうようのたん》〉は、この話からでた。学問の道が多方面で、真理の求めがたいたとえに使われる。

ホ

180 木鐸《ぼくたく》

孔子《こうし》が、その政治的理想を実現するのに適当な国君《こっくん》を求めて、天下を周遊《しゅうゆう》していたころのことである。衛《えい》の国で、その理想があまりに高いとして受けいれられず、都を去って儀《ぎ》という国境の町にさしかかったとき、関所の役人が孔子《こうし》に面会したいと弟子たちに申しでた。

「いろいろな名士がここを通られるときには、わたくしはいつも面会させていただいております」

というのである。そこで、弟子たちは、孔子《こうし》が休息している部屋へ彼を案内した。しばらくして役人はでてきたが、心配そうな顔色をしている弟子たちに言った。

「みなさん、先生がこの国でお志《こころざし》を得られなかったからといって、なにも悲観なさることはありません。天下に人道がおこなわれなくなってからすでに久しいものがありますが、天は先生を『木鐸《ぼくたく》』として、世の人々を教え導く任務をおさずけになっているのです」

この話は『論語《ろんご》』の「八佾篇《はちいつ》」にあるが、関所の役人は、よく孔子《こうし》の本質を見ぬいたものといえよう。

〈木鐸《ぼくたく》〉とは、舌《した》（振り子）を木で作った金属性の鈴《すず》で、むかし、文事にかんする政令をだすときに振り鳴らしたものであるが、転じて、世の文教を振興し、人を教え導く人物をさすようになった。

181 蒲柳《ほりゅう》

東晋《とうしん》の顧悦《こえつ》（顧悦之《こえつし》ともいう）は、ときの皇帝の簡文帝《かんぶんてい》と同年であったが、頭髪が早く白くなった。あるとき、簡文帝《かんぶんてい》が、

「そなたは、どうして朕《ちん》より先に白くなったのか」

とたずねると、顧悦《こえつ》はつつしんで答えた。

「蒲柳《ほりゅう》の姿をしたものは、秋の気にむかいはじめますと、早くも落葉いたしますが〈蒲柳《ほりゅう》の姿は、秋を望みて落つるも〉、松柏《しょうはく》の質《しつ》のあるものは、霜《しも》を受けてもめげずに、ますます葉を茂らせるのであります」

この話は、『世説新語《せせつしんご》』の「言語篇《げんごへん》」にある。〈蒲柳《ほりゅう》〉または〈蒲柳《ほりゅう》の質《しつ》〉が、人間の体質の弱いことを意味する言葉として使われるようになったのは、この話からで

ホ

ある。蒲柳《ほりゅう》とは、元来、柳の一種で、かわやなぎのことである。

なお、顧悦《こえつ》は、中国が生んだ天才画家顧愷之《こがいし》の父である。顧愷之《こがいし》は才あふれて奔放《ほんぽう》な一生を送ったが、父の顧悦《こえつ》は誠実な人として伝えられている。一説によれば、この『世説新語』の話と同様の話が、顧愷之《こがいし》が亡夫の伝として書いた文章のなかにあり、それには、「蒲柳《ほりゅう》の姿」でなくて「蒲柳《ほりゅう》の質《しつ》」、「松柏《しょうはく》の質《しつ》」でなくて「松柏《しょうはく》の姿」と記されているという。

182 枕《まくら》を高《たか》くして臥《ふ》す

中国の戦国時代の弁舌家《べんぜつか》といえば、蘇秦《そしん》と張儀《ちょうぎ》がまずあげられよう。時の経過につれて西方の秦《しん》が次第に強力になり、東方の六つの大国を圧迫しだしたころ、六つの国を縦につないで秦《しん》に対抗しようとしたのが蘇秦《そしん》の合従策《がっしょうさく》であり、六つの国のそれぞれを横に秦《しん》に臣従《しんじゅう》させようとしたのが張儀《ちょうぎ》の連衡策《れんこうさく》である。張儀《ちょうぎ》は、まだ若かったころ、楚《そ》で大へんな恥辱《ちじょく》をうけて故郷に帰ったことがあるが、そのとき妻が軽蔑《けいべつ》のいろをみせると、ぬっと舌をだして、「わが舌を見よ、なおありや」といい、この舌さえあれば天下に雄飛《ゆうひ》できるとうそぶいた男である。その張儀《ちょうぎ》が魏《ぎ》の哀《あい》王に

秦《しん》との連衡《れんこう》を説いたとき、魏《ぎ》の独立の困難なこと、合従《がっしょう》の不可能なことをのべてから、秦《しん》と結ぶことの有利な点をあげて、

「もし、魏《ぎ》が秦《しん》につかえることになれば、楚《そ》や韓《かん》は、秦《しん》をはばかって、魏《ぎ》に兵をむけたりはしないでしょう。そうすれば、大王は〝枕を高くして臥《ふ》す〟ることができ、魏《ぎ》の国も心配がなくなりましょう」

とのべて、ついに哀《あい》王を説得したのである。

この話は、『史記』の「張儀《ちょうぎ》列伝」にある。〈枕を高くして臥《ふ》す〉とは、安心して眠るという意味である。

183　先《ま》ず隗《かい》より始《はじ》めよ

〈先《ま》ず隗《かい》より始めよ〉とは、本来は、誰かが人を求めているときに自己推薦《すいせん》をする言葉であるが、転じて、相手に対して、君自身しっかりせよとか、君自身で事にあたれという意に使用される。たとえば、

「うちの社員は、どうも近頃たるんでいる。もっと緊張してくれなくては困る」

という人に、

「君も責任がないわけではあるまい。〝先《ま》ず隗《かい》より始めよ〟だ。君自身しっかりしたらどうだ」

という類《たぐい》である。

この言葉は、『戦国策《せんごくさく》』にあり、話の大体はつぎの通りである。

――戦国時代に、斉《せい》が燕《えん》を伐《う》ち、燕《えん》はめちゃくちゃにされて国王も死んだ。あらたに即位した昭《しょう》王は、国力の回復につとめたが、とりわけ人材を集めることに熱中した。そして、なにかよい方法はないかと、宰相《さいしょう》の郭隗《かくかい》に問うた。すると、郭隗《かくかい》はおもしろい昔話をした。

「むかし、ある君主が、千金で〝千里の馬〟（一日に千里も走る名馬）を買い入れようとしましたが、三年たっても手に入りませんでした。すると、一人の家臣《かしん》がその購入方を願いでましたので、君主は千金をわたしました。その家臣は三月《みつき》もすると帰ってきましたが、『千里の馬は死んでおりましたので、その骨を五百金で買ってきました』という報告です。君主は怒りました。しかし、家臣はすましたものです。――『死馬の骨でさえ五百金で買うのだから、生きている馬ならずっと高く買うだろう』というわけで、きっと名馬があつまります――これが彼の言い分でした。ところが、果して、一年のうちに千里の馬が三頭も集まったということです」

郭隗《かくかい》は、こう話したあとで〝先《ま》ず隗《かい》より始めよ〟（まず、私を尊重なさい）と言った。そうすれば、隗《かい》よりすぐれた人材がきっと集まるだろうというのである。そこで、昭《しょう》王は、郭隗《かくかい》を師と仰いで鄭重《ていちょう》に待遇した。すると、楽毅《がくき》将軍をはじめ、多くの人材が燕《えん》に集まったという。

184　復《ま》た呉下《ごか》の阿蒙《あもう》に非《あら》ず

三国鼎立《ていりつ》の時代、呉《ご》の孫権《そんけん》の部下に呂蒙《りょもう》という男がいた。まったくの田舎者で、武勇にはすぐれていたが学問はなかった。その呂蒙《りょもう》が昇進して将軍となったので、孫権《そんけん》が学問の必要を説いた。なるほどとうなずいた呂蒙《りょもう》は、一心に学問にはげんだ。それからしばらくして、魯粛《ろしゅく》が呂蒙《りょもう》に会った。魯粛《ろしゅく》は呂蒙《りょもう》の旧友で、少年のころから学問を修めてきた人物である。話しあっているうちに、魯粛《ろしゅく》は呂蒙《りょもう》がたいへん博識になっていることに気がついた。

「君が勇武《ゆうぶ》の士であることは知っていたが、いまでは、なかなかどうして学識においても大したものだ。もう、呉《ご》の田舎にいたころの蒙《もう》ちゃんではないね〈復《ま》た呉下《ごか》の阿《あ》蒙《もう》に非《あら》ず〉」

思わず魯粛《ろしゅく》が感嘆の声をあげると、呂蒙《りょもう》は答えた。

「士たるものは、別れて三日もたてば、刮目《かつもく》して待つべきほどの進歩をとげるのさ」

この話は、『十八史略《じゅうはっしりゃく》』にある。この話から、しばらく会わないうちに長足の進歩をとげることを〈復《ま》た呉下《ごか》の阿蒙《あもう》に非《あら》ず〉といい、逆に、いつ会っても少しも進歩しないものを〈呉下《ごか》の阿蒙《あもう》〉とか〈呉下《ごか》の旧阿蒙《あもう》〉というようになった。阿蒙《あもう》の阿《あ》は愛称である。なお、「刮目《かつもく》して待つべし」（目を拭《ふ》いて待て——見ていてくれ）も、この話からでた。

185　豆《まめ》を煮《に》るに萁《まめがら》を燃《た》く

魏《ぎ》の曹操《そうそう》といえば『三国志《さんごくし》』でおなじみの人物であるが、その曹操《そうそう》には、丕《ひ》と植《しょく》という二人の子があった。植《しょく》は少年のころから武勇にもすぐれていたが、文才はとくにすぐれていた。そのために曹操《そうそう》が植《しょく》により多くの愛情をそそいだので、兄の丕《ひ》は弟に対して面白からぬ感情をしばしばいだいた。その感情は、曹操《そうそう》の死後、丕《ひ》があとをついで魏《ぎ》の文《ぶん》帝となり、植《しょく》が東阿《とうあ》王に封《ほう》ぜられてからも変わらなかった。

あるとき、文《ぶん》帝は東阿《とうあ》王に詩を作れと命じた。それも、自分の面前を七歩あゆむ間に作れ、できなければ勅命《ちょくめい》に背《そむ》いたとして罰するというのである。明らかに弟をいじめてやろうという魂胆《こんたん》からでた命令である。しかし、東阿《とうあ》王は即座に詩を作った。

豆を煮てもって羹《こう》を作り
豉《し》を漉《こ》して汁《じゅう》と為《な》す
萁《き》は釜の下に在《あ》りて燃え
豆は釜の中に在《あ》りて泣く
もと　これ　同根より生ず
相煎《い》ること何ぞ太《はなは》だ急なる

〈豆を煮て豆乳や味噌汁をつくる。その場合、萁《き》（豆の実をとったかすの莖《くき》と枝）は釜の下で燃え、豆は釜の中で泣く。われわれは、もとはといえば同じ根から生《は》えた兄弟ではないですか。それなのに、どうしてこんなに強い火力で煮《い》りつけるのですか〉

これが、有名な東阿《とうあ》王・曹植《そうしょく》の『七歩《しちほ》の詩』で、〈豆を煮るに萁《まめがら》を燃《た》く〉はこれからでた。もとの意は兄弟喧嘩《げんか》のたとえであるが、仲間われのときにも使う。

マ

186 未亡人《みぼうじん》

春秋時代のことである。楚《そ》の文《ぶん》王が死んだ後、その弟の子元《しげん》が令尹《れいいん》（楚《そ》の宰相《さいしょう》）であった。子元《しげん》は、文《ぶん》王の夫人息嬀《そくぎ》にひそかな思いをよせて誘惑しようとたくらみ、夫人の宮殿のそばに別荘をたてて、ここで〝万《ばん》の舞《まい》〟（文武の舞）を舞わせた。夫人はその音楽を聞くと、涙をこぼして言った。

「亡くなった殿は、この舞をまわせては軍事を習練なさいました。ところが、いま令尹《れいいん》はそれを仇敵《きゅうてき》に報復するために用いずに、未亡人であるわたしのそばで舞わせていますが、どうも奇怪なことですね」

夫人の侍女《じじょ》がこの言葉を子元《しげん》に告げたので、子元《しげん》は、婦人でさえ仇敵を襲撃することを念頭においているのに、自分としたことが仇敵の存在さえ忘れていると反省して、鄭《てい》を伐《う》つことになった。

この話は『春秋左氏《さし》伝』の荘公《そうこう》二十八年の条にあり、〈未亡人〉という語が文献にあらわれた最初であるといわれている。この場合、注意すべきことは〈未亡人〉が一人称に用いられていることである。なお、『春秋左氏伝』には、たとえば成公《せいこう》の条などにもこの語が用いられているが、いずれも一人称である。元来〈未亡人〉とは、夫が死亡するとともに妻も死ぬべきだが、まだ生きている人の意で、寡婦《かふ》の自称なのである。それがいつのころからか他人の寡婦《かふ》の敬称として、「あのかたが先代の社長の〝未亡人〟です」のように用いられることになり、いまではそれが当然のことのようになった。

187 矛盾《むじゅん》

戦国時代のことである。楚《そ》の人で、武器を売り歩くものがあった。ある町の市場で商売にとりかかり、多くの見物人を前にして、まず楯《たて》をとりだした。

「さあ、見物の衆、この楯《たて》をごらん。じつに堅牢《けんろう》なものだ。どんな矛《ほこ》でもこれを突きとおすことはできないよ」

つぎに、彼は矛《ほこ》をとりだした。

「どうだ、すばらしい矛《ほこ》だろう。この矛《ほこ》の鋭利《するど》いことは天下一品だ。これにかかってはどんな楯《たて》でも一突《ひとつ》きだよ」

すると、見物人の一人がすすみでて言った。

「ふむ、本当にいい矛《ほこ》と楯《たて》らしいな。ところで、お前さんの矛《ほこ》でお前さんの楯《たて》を突いたら、どういうことになるのかい」

商人は、「それは……」とつまったまま応答できなかった。

この話は、『韓非子《かんびし》』の「難一篇《なんいっ》」にある。〈矛盾《むじゅん》〉という言葉は、この楯《たて》（盾）と矛《ほこ》の話からでた。その使いかたなどは、すでに読者がごぞんじのことだろう。

188 寧《むし》ろ雞口《けいこう》となるも、牛後《ぎゅうご》となるなかれ

戦国時代のことである。西方の秦《しん》が強大になるにつれて、東方の六つの国は次第に圧迫されはじめた。こうした形勢を背景にして、有名な合従《がっしょう》策を説いたのが雄弁家の蘇秦《そしん》である。すなわち、蘇秦《そしん》は六つの国をまわって、それぞれの国王に六国が協力して秦《しん》に対抗することの利を説いたのである。韓《かん》へいったとき、彼は、韓《かん》の地形と兵力が相当なものであるとのべてから、もし韓《かん》が秦《しん》に臣事《しんじ》すれば、秦《しん》は限りなく韓《かん》の領土を要求して、ついには韓《かん》が消滅するだろうと説《と》きすすみ、最後に、「諺《ことわざ》にも『寧《むし》ろ雞口《けいこう》となるも、牛後《ぎゅうご》となるなかれ』と申します。いま、西にむかって秦《しん》に臣事《しんじ》することは、牛後となることに他《ほか》なりません。大王の賢知と優秀な兵力がおありになる

のに、牛後になったといわれますことは、大王のためにいかにも口惜《くや》しいことでありましょう」

と強調した。これを聞いて、韓《かん》王は勃然《ぼつぜん》として顔色をかえ、合従《がっしょう》にふみきったのである。

この話は、『史記』の「蘇秦《そしん》列伝」にある。〈寧《むし》ろ雞口《けいこう》となるも、牛後となるなかれ〉の雞口《けいこう》は雞《にわとり》（鶏）の頭、牛後は牛の尻である。一説によれば、雞《にわとり》の口ばしと牛の肛門であるという。いずれにしても、小なりとも人の上に立つべきであり、大なりとも人の下につくべきではないという意味である。

189 明鏡止水《めいきょうしすい》

『荘子《そうじ》』の「応帝王篇《おうていおう》」には、至人《しじん》（聖徳《せいとく》をそなえた最高の人）をつぎのように説明している。

——至人の心の用いかたは、明るい鏡のようなものだ。明鏡《めいきょう》は、これは気に入ったから写す、あれは気に入らないから写さないということはない。物がその前にくればそのまま写し、去ればその影をとどめない。だから、万物をつぎつぎと写しだして、しかも己の明を失わないのだ。至人の心の用いかたもそれと同じで、なにものにも差をつけず、また執《とら》われないから、いつも自由自在なのだ。

また、おなじ『荘子』の「徳充符篇《とくじゅうふ》」には、つぎのような話がある。

――魯《ろ》に王駘《おうたい》という兀者《ごつしゃ》（刑罰で足を切られたもの）がいた。何もすぐれたところがないように見えるのに人々が慕って集まるので、孔子《こうし》の弟子の常季《じょうき》が、不思議に思って孔子《こうし》にたずねると、

「それは、彼の心の静かさのためだ。人が姿を水に写す場合には、流れている水ではなくて止っている水をえらぶ。止水《しすい》のほうがよく写るからだ。それと同様に、静かな不動心をもつものだけが、人々に安らぎをあたえる。だから人々が慕いよるのだ」

これが孔子《こうし》の答えであった。

まえの話の〈明鏡《めいきょう》〉とあとの話の〈止水《しすい》〉が一つになって、〈明鏡止水《めいきょうしすい》〉という言葉になった。清らかにすきとおってゆるぎない心境という意味である。

190　門前市《もんぜんいち》をなす

漢《かん》の哀《あい》帝は、政治は外戚《がいせき》にまかせたままで、もっぱら美青年の董賢《とうけん》を溺愛《できあい》して日を

おくっていた。鄭崇《ていしゅう》という賢臣《けんしん》が心配して諫《いさ》めても、ききめがなかった。そのうちに、鄭崇《ていしゅう》をにくんでいた趙昌《ちょうしょう》という男が、鄭崇《ていしゅう》について哀《あい》帝に讒言《ざんげん》した。哀《あい》帝は、さっそく鄭《てい》を召《め》しだして詰問《きつもん》した。

「おまえの家には、いつも多くの客が集まって、よからぬ相談をしているそうだな」

すると、鄭崇《ていしゅう》は答えた。

「わたくしの家には、市場のように多くの客が集まりますが、わたくしの心は水のように清らかです」〈臣《しん》の門は市のごとく、臣の心は水のごとし〉

この話は、『漢書《かんじょ》』の「鄭崇《ていしゅう》伝」にある。〈門前市をなす〉は、この「臣の門は市のごとし」から変わった言葉で、出入する人が多いたとえに使われる。この言葉の反対が〈門前雀羅《じゃくら》を張《は》る〉である。——下邽《かけい》（陝西《せんせい》省）の翟《てき》公が延尉《ていい》（司法大臣）であったときは、門がうずまるほどに多くの賓客《ひんきゃく》が集まったが、職を免ぜられると、門の外に雀をとるかすみ網をはることができるほど〈門外雀羅《じゃくら》を設《もう》くべし〉、ぱったり客足がたえたという。この「門外雀羅《じゃくら》を設《もう》くべし」が〈門前雀羅《じゃくら》を張る〉に変わったのである。

191 病膏肓《やまいこうこう》に入《い》る

春秋時代のことである。晋《しん》の景公《けい》が病気になった。国内の医者にかかってみたが、どうしてもよくならない。そこで、名医のきこえ高い秦《しん》の高緩《こうかん》にきてもらうことにした。すると、ある日、景公《けい》は夢をみた。その夢のなかでは、病魔が二人の童子になってあらわれた。一人が言う。

「高緩《こうかん》は名医だ。彼の手にかかってはわれわれもあぶない。どこへ逃げていたらいいだろうか」

他の一人が答える。

「肓《こう》（横隔膜《おうかくまく》）の上、膏《こう》（心臓の下部）の下だね。あそこにかくれていれば、いくら名医でもどうすることもできないさ」

そして、二人の姿は消えた。やがて、高緩《こうかん》が到着してさっそく診察したが、首をひねって言った。

「お気の毒ですが、この病気はなおりません。肓《こう》の上、膏《こう》の下にはいっております。ここは鍼《はり》も薬もとどかないので、治療法がないのです」

景公《けい》は、高緩《こうかん》のみたてが夢にみたところと一致するので、名医だと感心し、あつく謝礼して帰らせた。そして、間もなく死んだ。

この話は、『春秋左氏伝《さし》』にある。〈病膏肓に入る《やまいこうこうにいる》〉は、死病にかかったときに使う。また、何かに溺《おぼ》れて正常にかえるみこみのないときに使う。よく「病《やまい》コウモウに入る」という人があるが、これは誤りである。

192　羊頭《ようとう》を懸《かか》げて狗肉《くにく》を売《う》る（羊頭狗肉《ようとうくにく》）

〈羊頭《ようとう》を懸《かか》げて狗肉《くにく》を売る〉は、『恒言録《こうげんろく》』の語である。略して〈羊頭狗肉〉ともいう。羊の頭を看板にかかげておいて狗《いぬ》の肉を売ることで、転じて、よい品を看板にだしておいて悪い品を売るとか、見せかけは立派だが実は卑劣《ひれつ》なことをするとかの意に用いられる。

ところで、この語には同類の語が多い。『無門関《むもんかん》』には〈羊頭を懸《かか》げて馬肉を売る〉とあり、後漢《ごかん》の光武《こうぶ》帝の詔《しょう》には〈羊頭を懸《かか》げて馬脯《ばほ》を売る〉とある。これを略して〈羊頭馬脯〉ともいう。脯《ほ》とは干し肉である。また、『晏子春秋《あんし》』には〈牛頭を門に懸《かか》げて馬肉を内に売る〉とあり、『説苑《ぜいえん》』には〈牛骨を門に懸《かか》げて馬肉を内に売る〉とある。意味はみな同じだが、話としては『晏子《あんし》春秋』のものが面白いので紹介しておこう。

　春秋時代のことである。斉《せい》の霊《れい》公は、ちょっと変わった趣味をもっていた。すなわち、美人に男装させて観賞することであり、宮中の美人をつかまえては男装させて悦に入っていた。この霊《れい》公の嗜好《しこう》はたちまち斉《せい》の国中に伝播して、斉《せい》では男装の麗人が増えた。霊《れい》公は、下賤《げせん》なものがとんでもないことだと怒って、国中に禁令をだした。しかし、宮中だけは特別だったので、当然のことながら禁令のききめはなかった。ところが君主などというものは勝手なもので、霊《れい》公にはその禁令が守られない理由がどうしてもわからない。そこで群臣に下問《かもん》すると、晏子《あんし》が答えた。

「わが君には、宮中では美人の男装をおゆるしになっておられながら、国内で禁止をお命じになりました。これでは、ちょうど牛の頭を門にかかげて、内では馬肉を売るようなものです〈君、これを内に服せしめて、これを外に禁ず、なお牛頭を門に懸《かか》げて馬肉を内に売るがごときなり〉。禁令が守られませんのは、きわめて当然のことです」

193 洛陽《らくよう》の紙価《しか》高《たか》し

魏晋《ぎしん》時代のことである。斉《せい》の臨淄《りんし》（山東省）に左思《さし》という人がいた。子供のころは凡才で、学問もできず、琴《こと》や鼓《つづみ》を習ってもうまくならなかった。しかし、父に励まされ、また、幸か不幸かたいへんな醜男《しこお》で、おまけにどもりだったので、人との交際をきらい、ひたすら学問にうちこんだ。その結果、作詩の上でめきめき上達し、『斉《せい》都賦《とのふ》』という立派な作品をものした。その後、家が洛陽《らくよう》に移ったが、彼は依然《いぜん》として作詩に没頭し、約十年の歳月をついやして『三都賦《さんとのふ》』を完成した。三都とは、三国の都、すなわち魏《ぎ》の鄴《ぎょう》、呉《ご》の建業《けんぎょう》、蜀《しょく》の成都《せいと》である。『三都賦』は、できあがってしばらくは誰も問題にしなかった。ところが、当時の有名な詩人であった張華《ちょうか》が、班《はん》固《こ》の『両都賦《りょうとのふ》』、張衡《ちょうこう》の『二京賦《にけいのふ》』に比して称賛してから、たちまち世の注目をあびた。人々はあらそってそれを書写した（当時はまだ印刷術が発明されていなかった）。そのために、紙が飛ぶように売れて、〝洛陽《らくよう》の紙価《しか》高し〟――洛陽の紙の値段があがるほどであったという。

この話は、『晋書《しんじょ》』の「文苑伝《ぶんえんでん》」にある。〈洛陽の紙価高し〉は、書物がさかんに売れること、また、そうした立派な書物を著《あら》わす意に使われる。〈洛陽の紙価を高める〉ともいう。

194　梨園《りえん》

唐《とう》の玄宗《げんそう》皇帝といえば、楊貴妃《ようきひ》との恋物語で有名な皇帝であるが、即位して間もないころは、いわゆる「開元《かいげん》の治《ち》」を招来《しょうらい》した名君であった。そのころ、玄宗《げんそう》は俳優の子弟のうちから三百人を選出して宮廷の梨園《りえん》にあつめ、演技を学ばせた。生来音楽を好んだ玄宗《げんそう》は、音律にくわしく、たんなる音楽愛好家の域をはるかにでていて、ときにはみずから教授の任にあたった。発声や音階をあやまるものがあると、それが誰であるかを覚えていて訂正してやったりもした。それらのことについては、『唐書《とうじょ》』の「礼楽志《れいがくし》」に記してある。それで、これらの俳優の子弟を「皇帝の梨園《りえん》の弟子」と称したのである。

〈梨園《りえん》〉は、この故事からでた。もとは俳優が演技をならうところの意であったが、転じて、芝居、演劇、役者や俳優、演劇界をいうようになった。俳優のことを、また、〈梨園《りえん》の弟子〉ともいう。

195 李下《りか》に冠《かんむり》を整《ただ》さず（瓜田《かでん》に履《くつ》を納《い》れず）

戦国時代の斉《せい》の威《い》王は、即位したての数年、佞臣《ねいしん》（へつらう家来）に国政をかきまわされた。その佞臣《ねいしん》の筆頭を周破胡《しゅうはこ》といった。周破胡《しゅうはこ》の専横《せんおう》は目にあまるものがあったので、威《い》王の後宮の女、虞姫《ぐき》が王に彼をしりぞけるように建言した。ところが、そのことが周破胡《しゅうはこ》にもれ、周破胡《しゅうはこ》は逆に虞姫《ぐき》を讒言《ざんげん》した。威《い》王は虞姫《ぐき》を監禁して役人にしらべさせた。周破胡《しゅうはこ》は役人を買収して、虞姫《ぐき》に不利なでっちあげを報告させた。それがあまりにひどすぎたので、威《い》王は疑問をもち、虞姫《ぐき》を召《め》してみずから問いただした。

「わたくしは、心から王さまのためを思って申しあげただけです。わたくしの潔白は明らかですが、もし罪があるとすれば、ふだん〝瓜田《かでん》に履《くつ》を納《い》れず、李下《りか》に冠《かんむり》を整《ただ》さず〟という用心に欠けていたことです。いまさら弁解はいたしません。ただ、周《しゅう》破胡《はこ》だけは断じてしりぞけていただきたいと存じます」

虞姫《ぐき》の顔には誠があふれていた。威《い》王が国政に意を用いるようになったのは、これが契機だったという。

リ

この話は、『列女伝《れつじょでん》』にある。〈瓜田《かでん》に履《くつ》を納《い》れず、李下《りか》に冠《かんむり》を整《ただ》さず〉瓜《うり》の畑でかがんで履《くつ》をはきなおすと、瓜《うり》を盗《と》ったように疑われるし、李《すもも》の実がなっている下で手をあげて冠をなおすと、李《すもも》を盗ったように誤解されるから、そのようなまぎれやすい言動はさけるという意味。〈瓜田《かでん》に履《くつ》を納《い》れず〉〈李下《りか》に冠《かんむり》を整《ただ》さず〉と離しても使う。〈李下《りか》に冠《かんむり》を整《ただ》さず〉の方が有名でよく使われるようだ。

196 良賈《りょうこ》は深《ふか》く蔵《ぞう》して虚《むな》しきがごとし

孔子《こうし》がまだ若かったころ、魯《ろ》から周《しゅう》におもむいて老子《ろうし》に礼について質問したという伝説がある。老子《ろうし》は、すでに年輩で、二、三のことを教えてから、こう言った。「むかしから、『立派な商人は商品を奥深くしまいこんで、店さきは空《から》のようにしてあるし、君子は立派な徳を身につけているが、一見したところ、その容貌は愚《おろ》かもののようだ』〈良賈《りょうこ》は深《ふか》く蔵《ぞう》して虚《むな》しきがごとく、君子《くんし》は盛徳《せいとく》あるも、容貌《ようぼう》愚なるがごとし〉といわれている。あなたも、高慢や多欲、外見や色気をすてなさい。そんなものは、すこしもあなたの役に立たないから」

この話は、『史記』の「老子《ろうし》・韓非《かんぴ》列伝」にある。〈良賈《りょうこ》は深《ふか》く蔵《ぞう》して虚《むな》しきがごとし〉むかしの商人は、戦禍《せんか》や盗難にそなえて、貴重な商品は大切にしまいこんでいたのでもあろうか。ジャーナリズムが幅《はば》をきかし、なにごとも宣伝、CMの現代では、あまり歓迎されそうもない言葉である。ただし、これは商売についての言葉ではなく、いうまでもなく人間的なおくゆかしさを説いているのである。

197 梁山泊《りょうざんぱく》

〈梁山泊《りょうざんぱく》〉とは、もともとは沢の名である。すなわち、山東省の西部、寿張《じゅちょう》県の東南、梁山《りょうざん》のふもとにあり、むかしの鉅野沢《きょやたく》の地で、天険《てんけん》の要地《ようち》（天然の要塞《ようさい》）として知られている。宋《そう》の時代に黄河《こうが》が決潰《けっかい》（決壊）してそのなかにはいり、数百里にわたる大沢になった。そして、賊《ぞく》の領袖《りょうしゅう》の宋江《そうこう》がそこに砦《とりで》を結んだという。そのことが『水滸伝《すいこでん》』に記されてから、〈梁山泊《りょうざんぱく》〉といえば、豪傑《ごうけつ》を気どるものや野心家の集会の場所を意味するようになった。

198 梁上《りょうじょう》の君子《くんし》

後漢《ごかん》の末期のことである。太丘県《たいきゅう》（河南省）の長官を陳寔《ちんしょく》といった。陳寔《ちんしょく》はよく徳をおさめ、清廉温和な人物だったので、県の人々は安らかに生活することができた。ところが、ある年、たいへんな凶作で人々は食糧に苦しんだ。そうしたある夜、盗人《とうじん》が陳寔《ちんしょく》の部屋に侵入して、梁《はり》の上にうずくまった。陳寔《ちんしょく》はひそかにそれを見ていたが、やがて威儀を正して子や孫を呼びいれ、これを訓《さと》して言った。

「人は、みずから勉めなくてはならない。不善をおこなう人も、必ずしも本来の悪人ではない。日ごろのゆがんだ習慣が性となって、ついに不善に走るようになるのだ。この〝梁上の君子〟もそのような人なのだ」

盗人は、これを聞いて大いに驚き、自分からとびおりて額を床にこすりつけ、罪に服そうとした。陳寔《ちんしょく》は、おもむろに、

「君の顔かたちをよく見ると、どうも悪人らしくない。深く反省して私心にうちかてば、善にかえることができよう。ただ、貧困のために出来心をおこしたのだろう」

と言って、その盗人に絹二匹《ひき》（四反《たん》）をあたえて赦《ゆる》してやった。このことが知れわ

たると、一県中に盗みをはたらくものがなくなったという。

この話は、『後漢書《ごかんじょ》』の「陳寔伝《ちんしょく》」にある。〈梁上の君子〉は、この陳寔《ちんしょく》の言葉からでた。もとは盗人の意であるが、鼠《ねずみ》をさすようにもなった。

199　良薬《りょうやく》は口《くち》に苦《にが》し

秦《しん》が滅亡する直前のことである。項羽《こうう》に先んじて関中《かんちゅう》の地に攻めこんだ沛公《はいこう》（のちの漢《かん》の高祖、劉邦《りゅうほう》）は、咸陽《かんよう》（秦《しん》の都）に入城して秦《しん》王子嬰《しえい》を降服させた。そして、王宮に入ってみると、おびただしい宝物や美女が目についた。沛公《はいこう》の心はあやしくゆらぎ、それらを手に入れるために、そのまま王宮にとどまりたいと思った。樊噲《はんかい》が沛公《はいこう》の心のなかを見てとって諫《いさ》めた。

「天下は、まだ統一されたわけではありません。むしろ、これからが大へんなのです。こんなところでのんびりなさるのはもってのほかです。はやくここをでて、適当なところに陣どりましょう」

沛公《はいこう》はきかなかった。すると張良《ちょうりょう》が言った。

「あなたは、もともと名もない庶民にすぎませんでした。そのようなあなたが、こう

リ

して王宮に入ることができましたのは、秦《しん》が虐政《ぎゃくせい》をおこなって天下の怨《うら》みを買ったからです。あなたの任務は、無道の秦《しん》を亡《ほろ》ぼして、天下の人心を安らかにすることではありませんか。それなのにやっと秦《しん》に入ったばかりで、宝物や美女に目がくらみ、秦《しん》王の淫楽《いんらく》をお手本になさるありさまでは、すぐまた天下の人々から怨《うら》まれましょう。そもそも、忠告の言葉は耳に逆らいますが身のためになり、良薬は口には苦いですが病気に効《き》きます〈忠言は耳に逆らうも行に利あり、毒薬は口に苦きも病に利あり〉。どうか樊噲《はんかい》の意見をおききください」

沛公《はいこう》は、さすがに気づくところがあり、王宮を去って覇上《はじょう》（覇水《はすい》のほとり）に陣した。やがて、項羽《こうう》が進軍してきて鴻門《こうもん》に陣し、あの「鴻門《こうもん》の会」（項羽《こうう》と劉邦《りゅうほう》による会談）がひらかれることになるのである。

この話は、『史記』の「留侯世家《りゅうこうせいか》」にある。〝毒薬は口に苦きも病に利あり〟の「毒薬」は薬の意味で、有毒の薬ではない。『孔子家語《こうしけご》』には孔子《こうし》の言葉として〝良薬は口に苦きも病に利あり〟とある。〈良薬は口に苦し〉は、これらからでたのであろう。

200 壟断《ろうだん》（龍断《ろうだん》）

むかしの市場は物々交換で、有るものを持ちよって無いものと換えたのである。だから、人々がある場所に集まって自然に市場が形成された。役人は交換の調停だけしていればよかった。ところが、ひどい男がいて、壟断《ろうだん》（がけの高いところ）をさがして登り、市場のあちこちを見まわして安いものと高いものとを見つけだし、たくみに交換して利益を独占した。人々があまりにひどいと思ったので、役人はその男に税金を課した。売買に課税したのは、この男がはじまりである。

この話は『孟子《もうし》』の「公孫丑《こうそんちゅう》篇」にあるが、『孟子』では〈壟断《ろうだん》〉が〈龍断《ろうだん》〉になっている。いずれにしても、この話から利益を独占するという意味に使われるようになった。

201 隴《ろう》を得《え》てまた蜀《しょく》を望《のぞ》む

後漢《ごかん》の光武《こうぶ》帝がはじめて帝位についたころに、洛陽《らくよう》を都と定める一応の国家体制をとととのえたものの、天下はまだ群雄割拠《ぐんゆうかっきょ》の情勢であった。光武帝《こうぶてい》はさらに東奔西走し、有名な赤眉《せきび》の賊《ぞく》をはじめとして中原《ちゅうげん》の群雄を平らげた。そして、残ったのが隴西《ろうせい》（甘粛省《かんしゅくしょう》）の隗囂《かいごう》と蜀《しょく》の公孫述《こうそんじゅつ》である。隗囂《かいごう》は、漢《かん》についたり蜀《しょく》についたりして光武帝《こうぶ》をなやましたが、やがて病死し、その子の純《じゅん》が降服して隴西《ろうせい》は漢《かん》の版図《はんと》（勢力圏）に入った。このとき、光武帝《こうぶ》は、「人、足るを知らざるを苦しむ。すでに隴《ろう》を平げてまた蜀《しょく》を望む」（人の欲望には限りがない。隴《ろう》を平定したいまは蜀《しょく》が欲しい）と言ったという。蜀《しょく》を平定したのは、それから約三年後である。

この話は、『後漢書《ごかんじょ》』の「岑彭伝《しんぽう》」にあるが、同じ『後漢書』の「献帝紀《けんてい》」には、曹操《そうそう》の言葉として、「人、足るなきに苦しむ。すでに隴《ろう》を得てまた蜀《しょく》を望む」とある。〈隴《ろう》を得て蜀《しょく》を望む〉の方がよく知られ、貪《むさぼ》って足ることを知らないたとえに使われる。

202　禍《わざわい》を転《てん》じて福《ふく》と為《な》す

戦国時代の雄弁家、蘇秦《そしん》が六国合従《がっしょう》の約を結んだのちのことである。秦《しん》は合従《がっしょう》を破ることに力をいれていたが、その一法として、秦《しん》の恵王《けい》はその女《むすめ》を燕《えん》の文侯《ぶんこう》の太子の妻とした。燕《えん》では文《ぶん》侯が死ぬと太子が即位した。これが易《い》王である。斉《せい》の宣《せん》王は文《ぶん》侯の喪《も》に乗じて燕《えん》を伐《う》ち、その十城市を奪った。易《い》王は、合従《がっしょう》策がたんなるお題目に終わって、味方であるはずの斉《せい》から攻められ、燕《えん》が天下の物笑いになったと言って蘇秦《そしん》を責めた。蘇秦《そしん》は燕《えん》の十城市を斉《せい》からとりもどしてくる約束をして斉《せい》におもむき、燕《えん》王が秦《しん》の女婿《むすめむこ》であり、その十城市を奪ったために秦《しん》が斉《せい》を仇敵《きゅうてき》視していると宣《せん》王をおどし、

「わたくしは、『いにしえの善く事を制した者は、禍《わざわい》を転じて福と為《な》し、失敗を本として成功した』〈禍《わざわい》を転じて福と為《な》し、敗に因《よ》りて功を為《な》す〉と聞いております。いま、奪った十城市を燕《えん》に無償《むしょう》で返還なされば、燕《えん》はよろこび、秦《しん》もおのれの威力を斉《せい》が認めたと思って満足いたしましょう。そして、貴国は燕《えん》・秦《しん》と友好関係にたって安泰であり、やがては天下に号令する足がためともなりましょう」

と説いた。宣《せん》王はなるほどと思って燕《えん》に十城市をかえした。

この話は『史記』の「蘇秦《そしん》伝」にあり、〈禍《わざわい》を転じて福と為《な》す〉は、この蘇秦《そしん》の言葉からでた。「敗に因《よ》りて功を為《な》す」と対句である。おなじ『史記』の「管晏《かんあん》伝」には、管仲《かんちゅう》の政治ぶりを評して「禍《か》に因《よ》りて福と為《な》し、敗を転じて功を為《な》す」とある。語順がちょっとちがうが、意味はおなじである。

あとがき

中国社会は長い歴史をもっている。そして、それは、当然のことながら、中国人の智恵によってささえられ、また変貌しながら流れて現代に及んでいる。その中国人の智恵はさまざまの面からさぐることができるが、文献に残された多くの言葉や語句からさぐるのも一法であろう。社会の様相は、その社会を構成する人々の言葉のなかに端的に表現され、また、すぐれた人々の言葉は、往々にして社会の様相を変えるからである。さらに、すぐれた言葉は、それを吐《は》いた人が死んでしまっても、後代の人々に語りかけ、時流を決定することもあるからである。本書が、中国史上にあらわれた言葉や語句のみを集めたものなのに、「中国四千年の智恵」と題した所以《ゆえん》はそこにある。

中国史をいろどる名言や、それに由来する名語句は極めて多い。本書は、それらのなかでわが国に伝わり、われわれの祖先たちの社会で通用し、親しまれてき、また、現代でもよく人々の口にのぼるものを集めて、それを語源的に説明し、中国人の智恵をさぐりながら、漢字、漢語のおもしろさを示そうとしたものである。現代は、当用漢字や教育漢字が制定されて、漢字、漢語がわれわれの社会において果たす役割がせばめられつつあるときであるが、それだけに、生きながらえている漢語を正確に理解しておくことは、現代に生きるわれわれにとって大切なことだと思うからである。

もちろん、本書は不完全なものでしかない。以上のような狙《ねら》いから言って、当然収録されなければならない言葉や語句で、収録しなかったものも多く、説明が適切でない箇処も多い。これらの点については、今後、大方のご叱正《しっせい》を得ながら補正していくつもりである。

野口定男

（一九七三年）

解説

渡辺憲司
自由学園最高学部長

ここには、野口先生の肉声がある。先生の寸言が、本書を読むことによって、立ち上がってくるのだ。

唐の時代の衰滅の時、人民がその生活の苦しさによって反乱を起こし、戦火が広がった。惨憺たる時世を前にして、老いたる詩人は、

「君に憑《たの》む　話《かた》ることなかれ　封侯《ほうこう》の事
一将　功成りて　万骨枯る」

とうたった。

「君よ、戦功をたてて諸侯に封ぜられるというような話はしないでくれ。一人の将軍がそのように栄達していくかげには、万にものぼる人たちが空しく骨と化しているの

だから」（本書：27頁参照）

先生は、次のように続ける。

「一将功成りて万骨枯る――それは、なにも軍人ばかりのこととは限らない。われわれの生きる社会において、政府、経済その他の面に、そうしたことがなければ幸いである。」と。

一人の英雄が生まれる時に、それを支えた人たちの多くの犠牲がある。栄達を得た者「一将」は、「万骨枯る」犠牲の記憶を遠くに追いやり、ヒーローと呼ばれ、あたかも過去を忘れたかのようにふるまう。

先生の悲憤は、激しいものではない。「そうしたことがなければ幸いである。」とは何とも歯切れが悪いような気がする。

しかし、その眼鏡の奥には、世の中を冷静に見つめる視線がある。

本書の初版刊行は、昭和48年。戦後はまだ30年を経過していない。戦争の記憶は、先生の中で鮮明であった。戦争の犠牲者は「万骨」である。多くの庶民が戦争の犠牲になった。戦後一部の指導者は、あたかもその時の記憶を追いやるように横行したのである。

先生は、20代の後半まで、中国の満州（歴史的には、偽満州と呼ぶべきだが、今は通称に従う。）の地で過ごした。

この地に、新婚の妻恵子さんと、昭和18年に生まれた乳飲み子の長女を連れて渡っている。昭和21年1月に次女が生まれ、帰国したのは8月であるから、戦争後約一年は、この地に留まったのである。

「戦火はとめどもなく広がり、盗賊は横行し、流民は増加の一途をたどった。」（26頁）と、故事を解説する。先生の胸の底にあったのは、古代の中国ではあるまい。その当時の記憶であるに違いない。

先生は、戦争の終結を満州の地で迎えた。昭和40年代初め、立教大学で講義を受けた我々は、先生がしばしば中国大陸での悲惨さを語ったのを覚えている。

＊

「匹夫も志を奪うべからず」（220頁）

本書の中で最も短い引用である。

「匹夫とは、一人のおとこ、または、いやしいおとこ。ここでの匹夫はその両方をあわせたものだろう。大軍で守備している大将を捕虜にすることはできても、匹夫の精神を奪いとることはできないの意。」と述べた後で、先生はきっぱりと云う。

「きわめて簡単な表現であるが、人間の心の尊厳がよく示されている。」と。

「匹夫の勇」で使われている「匹夫」は、卑しい男の意味である。そもそも、匹夫に、「一人の男」といった、肯定的とも思える解釈を施した例は、ほとんど無いようだ。

匹夫は男一匹とも言い換え出来よう。

新渡戸稲造は、『自警録』の中で、「男一匹」の項を第一に立てている。

「男子は須《すべか》らく強かるべし、しかし強がるべからず。外弱きがごとくして内強かるべし

負けて退く人を弱しと思ふなよ智恵の力の強き故なり」と。

戦中・戦後の混乱の中で、先生は個人の尊厳を強く思い、敗戦によってもたらされた悲劇の中で、魂の行方を探していたに違いない。

先生と恵子夫人の出会いは、倉田百三の「生きんとて」の会であったそうだ。小説『出家とその弟子』は、よく知られている。倉田百三の晩年は、小説家としてより啓蒙家としての活躍で知られる。

浅田晃彦氏は、『生きんとて—倉田百三とその弟子』（近代文藝社　１９９２年）の序文で、次のように云っている。

「題名の「生きんとて」は、昭和十四年に百三が始めた会合である。会の趣旨は生の根本問題を時局に即して考えていくことだった。当時日本は大陸進出の泥沼にはまり

こんでおり、私たちはやがて戦争に駆り出される青年としてどんな覚悟を持つべきかに迷っていた。また私は慶応医学部の苦学生で、授業料滞納のために退学を迫られていた。満州国の委託生になれば解決するが、金だけが目当てで志願することは出来ない。満州国は「日本の生命線」であり「五族協和、王道楽土」を理想として建てた国だが、そこに生きがいを見出せるかどうか不安であった。そんな状況に生きる心の支柱をこの会に求めたのでる。」

野口先生は、1917年大正6年の生まれ。群馬県出身で直木賞候補にもなった浅田氏は、先生の二歳年長。今、確認の術を知らないが、先生と浅田氏は同じ空気を吸っていた時期があったはずである。先生が満洲へ寄せた思いを軽率に述べることは出来ない。だが、〈匹夫の志〉を先生は伝えようとしたのである。

今ここで、先生の思想性を云々するつもりは毛頭ない。ただ野口先生が、例えば中野正剛の云う「日本人が朝鮮、満州をはじめアジア大陸の諸民族に対する態度を改めない限り、日本の大陸政策は失敗に終わる」と、又統治に関わる日本人は、「附仰天地に愧じざる男一匹になれ」と述べた心意気と相通じるものを持っていたことは確かなのではないか。

先生を誰もが人情味のある先生であったと懐古する。もちろん、司馬遷について講義しながら涙し、退学せざるを得ない学生に手を差し伸べた先生は情愛の人であった。「小汚い店に行くか」（これは先生の口癖）そんな先生の言葉に何度か誘われた。池袋の路地の奥。「飲めケンジ…。教師はくそまじめ、貧乏じゃなくちゃいかん。」と、盃を上げた時の先生の言葉の意味がこの本を読んでようやくわかったような気がした。

当時、定時制の教員と大学院生の二足の草鞋を履いていた私に先生が語ったのは、〈教育は、理想を失うな〉ということだったのだ。「匹夫の志」の高さを語っていたのだ。

先生はいつも同じ背広を着ていた。いつもゆっくり歩いていた。

先生の名が、立教大学の「野口定男記念奨学金」にその名を刻していることも最後に付記しておきたい。

先生は情によって貧乏学生を愛していたのではない。教育の義によって愛していたのだ。

本書「中国四千年の智恵」で先生が語りかけているのは、大陸の長い歴史が培った「義」である。

私は70歳を越えた。先生の亡くなった歳をはるかに越えた。しかし、今、目交に浮かぶのは私の青春を包む先生のめがねの奥底の光である。

「初心を忘れるな」

先生の声が聞こえる。


1994年函館市生まれ。立教大学大学院博士課程修了。横浜市立横浜商業高等学校定時制教論、私立武蔵中学校高等学校教論、梅光女学院大学短期大学部・文学部助教授、立教大学文学部教授、立教新座中学校高等学校校長等を経て、現在自由学園最高学部長。2011年3月、立教新座高校の卒業式が中止となったため、卒業生へのメッセージを学校のホームページに公開したところ、ツイッター等インターネットを通して大きな反響を呼び、全国に広まった。その全文を巻頭に収めたエッセイ集『時に海を見よ　これからの日本を生きる君に贈る』（双葉文庫）が話題となる。専門は日本近世文学。著書は他に『江戸遊里盛衰記』（講談社現代新書）、『近世大名文芸圏研究』（八木書店）、『江戸三〇〇年吉原のしきたり』（青春出版社）、『江戸の暮らしが見えてくる！吉原の落語』（青春新書）、『江戸文化とサブカルチャー』（至文堂）、『海を感じなさい。次の世代を生きる君たちへ』（朝日新聞出版）、『江戸遊女紀聞—売女とは呼ばせない』（ゆまに書房）、編書に『新版色道大鏡』（八木書店）、『AN EDO ANTHOLOGY』（UNIVERSITY OF HAWAII PRESS）等がある。

中国四千年の智恵　故事ことわざの語源202

1973年6月、新人物往来社より『中国四千年の智恵』四六判刊行。鉄筆文庫化に際してサブタイトルを追加し、ルビ及び説明文と一部表記の加筆修正を行いました。

鉄筆　単行本

四六判文芸書

霧の犬　a dog in the fog

辺見庸

1800円+税

「わたしのなかの霧を、三本肢の犬があるいていた。……それはもうはじまっていた。」美しくも寂しく怖い、この世の果ての風景——。鉄筆社創立記念特別書き下ろし小説=表題作216枚ほか、傑作短篇「カラスアゲハ」、「アプザイレン」、「まんげつ」所収。震災、紛争、過去・現在・未来のありとある災厄が濃霧のように漂う「黙示小説」集。装画／長谷川潔

四六判ソフト

人類のためだ。　ラグビーエッセー選集

藤島大

1600円+税

「明日の炎天下の練習が憂鬱な若者よ、君たちは、なぜラグビーをするのか。それは『戦争をしないため』だ。」(「体を張った平和論」より)。ナンバー、ラグビーマガジン、Web連載や新聞紙上等で長年執筆してきた著者の集大成。ラグビー精神、ラグビーの魅了と神髄に触れる一冊。あとがき—「そうだ。自由だ!」。カバーデザイン&イラストレーション／ Kotaro Ishibashi

鉄筆文庫　好評既刊

005
ピエールとリュース
ロマン・ロラン　訳／渡辺淳
600円+税

ノーベル文学賞作家が戦争への強い怒りを込めて描いた、100年読み継がれる「初恋」の物語。パリに暮らす、汚れを知らぬ若い男女の清純な恋愛が、醜く恐ろしい戦争の現実と、あざやかなコントラストをもって描かれる。第一次大戦時に執筆、1920年発表。1958年刊行の角川文庫版を加筆・修正し復刻。解説／渡辺淳。

カバーデザイン&写真／Kotaro Ishibashi

006
日本国憲法　9条に込められた魂
鉄筆編
500円+税

改憲問題で必読となる日本国憲法全条文（大活字）の他、9条の発案者といわれる幣原喜重郎首相（当時）への貴重なインタビューを全文収録。〈内容〉日本国憲法（全条文）付録：①年表　②ポツダム宣言　③非核三原則　④武器輸出三原則等　⑤幣原先生から聴取した戦争放棄条項等の生まれた事情について
カバーデザイン&写真／Kotaro Ishibashi

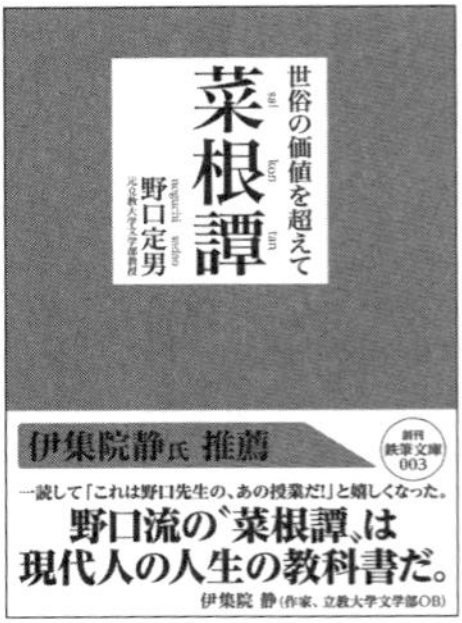

003

世俗の価値を超えて――菜根譚

野口定男(元立教大学文学部教授)

800円+税

「菜根譚」は約400年前に中国の洪自誠によって書かれた著作で、儒教、道教、仏教の思想を取り入れた、日本でも長年読み継がれる処世訓。本書はその神髄を現代の読者にも理解できるようにと独自の編集と解釈を加えて編みあげたオリジナル作品。推薦文:伊集院静(作家、立教大学文学部OB)、横山忠夫(立教大学野球部OB会幹事長)。解説:渡辺憲司(自由学園最高学部長)

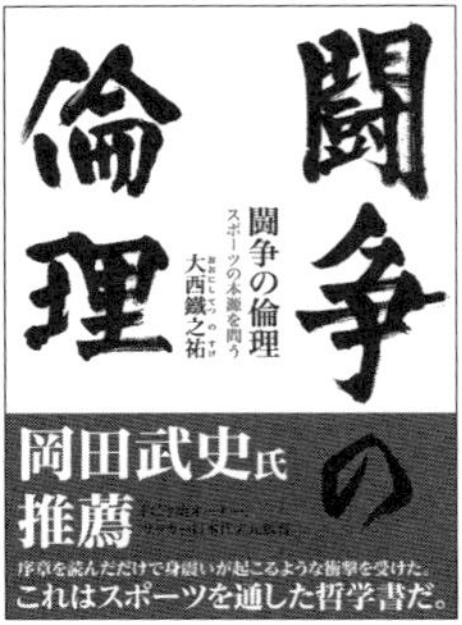

004

闘争の倫理　スポーツの本源を問う

大西鐵之祐

1500円+税

戦場から生還後、母校・早大のラグビー復興と教育に精力を注ぎ、日本代表監督としてオールブラックス・ジュニアを撃破、イングランド代表戦では3対6の大接戦を演じた戦後ラグビー界伝説の指導者。「戦争をしないために、ラグビーをするのだ!」と説く、思想・哲学の名著を鉄筆文庫化。監修/伴一憲、大竹正次、榮隆男。推薦/岡田武史。解説/藤島大。題字/川原世雲

鉄筆文庫　好評既刊

001

翼

白石一文

600円+税

田宮里江子は大学時代の親友の夫・長谷川岳志と10年ぶりに遭遇する。岳志は親友の恋人でありながら、初対面でいきなりプロポーズしてきた男だった……。直木賞作家のTwitter連載小説として新聞各紙で取り上げられ話題となった恋愛小説。Twitter連載当時、何度も読んで涙するという読者が続出した。10万部突破のベストセラー。解説／梅原潤一。装画／キリハリエ・Emi

002

反逆する風景

辺見庸

700円+税

「死んでも憲法第九条をまもりぬくこと。憲法第九条がすでにズタズタになっていても、再生させること。」（「遺書」より）。『もの食う人びと』と表裏をなす傑作。復刻に際し書き下ろし原稿等を追加収録。オリジナル収録作品=●「絶対風景」にむかうこと●極小宇宙から極大宇宙へ●「絶対感情」と「豹変」——暗がりの心性●花陰●遺書●鉄筆文庫版あとがき●解説「赤い背広、消えず」藤島大

中国四千年の智恵
故事ことわざの語源202

野口定男

鉄筆文庫 007

中国《ちゅうごく》四千年《よんせんねん》の智恵《ちえ》

故事《こじ》ことわざの語源《ごげん》202

著者　野口定男《のぐちさだお》

2016年 5月26日　初版第1刷発行

発行者　渡辺浩章
発行所　株式会社 鉄筆
〒112-0013　東京都文京区音羽1-17-11
電話　03-6912-0864
表紙画　井上よう子「希望の光」
印刷・製本　近代美術株式会社

落丁・乱丁本は、株式会社鉄筆にご送付ください。
送料は小社負担でお取り替えいたします。
定価はカバーに明記してあります。

ISBN 978-4-907580-08-7　Printed in Japan

鉄筆文庫創刊の辞

喉元過ぎれば熱さを忘れる……この国では、戦禍も災害も、そして多くの災厄も、時と共にその「熱さ」は忘れ去られてしまうかの様相です。しかし、第二次世界大戦での敗北がもたらした教訓や、先の東日本大震災と福島第一原発事故という現実が今なお放ちつづける「熱さ」を、おいそれと忘れるわけにはいきません。

先人たちが文庫創刊に際して記した言葉を読むと、戦前戦後の出版文化の有り様への反省が述べられていることに共感します。大切な「何か」を忘れないために、出版人としてなすべきことは何かと真剣に考え、導き出した決意がそこに表明されているからです。

「第二次世界大戦の敗北は、軍事力の敗北であった以上に、私たちの若い文化力の敗退であった。私たちの文化が戦争に対して如何に無力であり、単なるあだ花に過ぎなかったかを、私たちは身を以て体験し痛感した。」（角川文庫発刊に際して　角川源義）

これは一例ですが、先人たちのこうした現状認識を、いまこそ改めてわれわれは噛みしめねばならないのではないでしょうか。

現存する文庫レーベルのなかで最年長は「新潮文庫」で、創刊は一九一四年。それから一世紀が過ぎた現在では、80を超える出版社から200近い文庫レーベルが刊行されています。そんな状況下での「鉄筆文庫」の創刊は、小さな帆船で大海に漕ぎ出すようなもの。ですが、「鉄筆文庫」は、先人にも負けない気概をもってこの大事業に挑みます。

鉄筆の社是は、「魂に背く出版はしない」です。私にとって第二の故郷でもある福島の地で起きた原発事故という大災厄が、私を先人たちの魂に近づけたのは間違いありません。この社是は、たとえ肉体や心が消滅しても、残る魂に背くような出版は決してしないぞという覚悟から掲げました。ですから、「鉄筆文庫」の活動は、今100万部売れる本作りではなく、100年後も読まれる本の出版を目指します。前途洋洋とは言いがたい航海のスタートではありますが、読者の皆さんには、どうか末永くお付き合いくださいますよう、お願い申し上げます。

二〇一四年七月　　渡辺浩章